书山有路勤为径,优质资源伴你行
注册世纪波学院会员,享精品图书增值服务

The Art of Focused Conversation
100 Ways to Access Group Wisdom in the Workplace

学问ORID（修订本）

100种提问力创造200倍企业力

[加] R. 布莱恩·斯坦菲尔德（R. Brian Stanfield） 主编

钟琮贸 译　许逸臻　张树金　审校

电子工业出版社
Publishing House of Electronics Industry
北京·BEIJING

The Art of Focused Conversation: 100 Ways to Access Group Wisdom in the Workplace by R. Brian Stanfield
ISBN: 978-0865714168
Copyright © 1997 by The Canadian Institute of Cultural Affairs
All rights reserved.
Chinese (in Simplified character only) translation copyright © 2023 by Publishing House of Electronics Industry.
Chinese (in Simplified character only) translation rights arranged with Open Quest Facilitation Technology Inc.

本书中文简体字版经由 Open Quest Facilitation Technology Inc 授权电子工业出版社独家出版发行。未经书面许可，不得以任何方式抄袭、复制或节录本书中的任何内容。

版权贸易合同登记号　图字：01-2016-3997

图书在版编目（CIP）数据

学问 ORID：100 种提问力创造 200 倍企业力 /（加）R.布莱恩·斯坦菲尔德（R. Brian Stanfield）主编；钟琮贸译. —修订本. —北京：电子工业出版社，2023.7
书名原文：The Art of Focused Conversation: 100 Ways to Access Group Wisdom in the Workplace
ISBN 978-7-121-45757-9

Ⅰ.①学… Ⅱ.①R… ②钟… Ⅲ.①企业管理—研究 Ⅳ.①F272

中国国家版本馆 CIP 数据核字（2023）第 103773 号

责任编辑：杨洪军
印　　刷：北京七彩京通数码快印有限公司
装　　订：北京七彩京通数码快印有限公司
出版发行：电子工业出版社
　　　　　北京市海淀区万寿路 173 信箱　邮编 100036
开　　本：720×1000　1/16　印张：20.5　字数：393.6 千字
版　　次：2016 年 8 月第 1 版
　　　　　2023 年 7 月第 2 版
印　　次：2025 年 9 月第 6 次印刷
定　　价：88.00 元

凡所购买电子工业出版社图书有缺损问题，请向购买书店调换。若书店售缺，请与本社发行部联系，联系及邮购电话：(010) 88254888，88258888。
质量投诉请发邮件至 zlts@phei.com.cn，盗版侵权举报请发邮件至 dbqq@phei.com.cn。
本书咨询联系方式：(010) 88254199，sjb@phei.com.cn。

推荐序

看似简单又深奥的艺术

1997年冬，当时的我是一个刚踏进引导领域的新人，跟随着刚刚结识的引导大师理查德·韦斯特（Richard West）到他的半导体客户端，引导一场战略规划的工作坊。引导师要在短短两天内让看似一盘散沙的团队开始转变——团队成员达成共识，并且在结束的时候每个人都士气高昂，知道自己要做什么。

由于我先前是在国外投资领域工作，当时的领导者只有威权式的做法，从未有让员工参与讨论的空间。那一次的工作坊让我大开眼界，领导者与引导师携手合作，帮助团队创造参与的空间，让团队智慧自然流现。我心想："哇！这个工作太好了！引导师看起来很轻松，只是向大家提出一些问题，然后团队自发讨论并产出丰硕成果。我也想当引导师。"于是，在理查德·韦斯特的带领下，我走上了引导师这条当时没什么人听说的道路。这么多年过去了，当时的景象印证了引导师这个工作确实很好，团队的确因此产生了丰硕的成果，而且自发的效果不仅体现在工作坊现场，还延续到了后面的行动执行上。但我常常自己笑自己，当时太外行了，引导师的工作一点儿也不轻松，而最难的一点就是怎么提问。

提问的难处在哪里

引导者的职责就是将团队的智慧外显化。要将内隐的东西外显化，而不是加入外在的想法，因此引导者必须保持中立，不要以外加的方式来施力。在推动团队一同思考的方式中，提问是关键。这听起来容易，做起来却很难。

- 足够了解团队与主题。引导者往往不是团队所讨论的主题的专家，却又要足够了解团队的挑战和他们所面对的未知，提出好的问题来帮助他们探索未知。
- 找出所有需要的信息。引导者必须清楚讨论的地图，也就是目前讨论的范畴。引导者要知道在这个讨论的范畴内需要通过提问引发哪些信息。如果信息不足够，就会像做菜少了许多关键作料，使成品不像样。
- 在有限的时间内提出对的问题。时间有限，不能提出所有的好问题。引导者要知道怎么根据时间设定好讨论目标，筛选出对的问题，让团队在有限的时间内处理。

架构与流程解决提问困难

这本书里所介绍的焦点讨论法（The Focused Conversation Method），按照人类自然思考的四个阶段——客观（Objective）、反映（Reflective）、诠释（Interpretive）、决定（Decisional），帮助引导者将对的问题用对的顺序问出来。它是引导领域的根源方法，就像盖房子，若基本的材料是砖头和水泥，它就是其中一样。当然，若要盖更高的楼房，可能需要进阶的流程、架构与方法，但再进阶的方法，都脱不了焦点讨论法的影子。

提问的情境百科

这本书就是引导的成果。文化事业学会（The Institute of Cultural Affairs, ICA）通过视频会议将世界各地在不同组织工作的引导者集合起来，把他们经常遇到的情境与提问流程的典范集结起来，并由加拿大ICA的几位资深引导师——包含我很景仰的前辈乔·尼尔森［Jo Nelson，她曾任国际引导者协会（IAF）会长］——整体校阅，将最常用的职场情境与范例提问集结于一书中，并将方法的历史由来汇集在第 1~5 章。字字珠玑，句句经典。本次再度审校，又有许多启发。

在我们引导者的"引导力三阶"培养课程中，提问方法已经多次讲解与演练，而大家遇到的挑战往往是后面的实作——如何提出客户当时需要的问题，对初学者来讲真的很伤脑筋。这本书是大家最好的工作伴侣，时至今日，我自己也经常翻阅这本书，以寻找提问的灵感。

引导领域势必蓬勃发展

自 2002 年拿到国际引导者协会的认证以来，我与伙伴们致力于在各地教授与传播各种引导方法，将引导方法推广到企业、教育机构、政府、非营利组织等。2004 年，我携带此书英文版以及一些重要的引导图书到各大出版社请求出版，大家均以此为小众图书而回绝。因此当初这本书的繁体中文版由开放智慧（Open Quest）团队自行出版。看到当初团队努力的成果传播到许多学生和客户手上，让他们的工作更得力，我感觉到非常欣慰。

时至今日，中国引导领域越来越蓬勃发展。我们也欣然将简体中文版在此重要时刻带来与更多读者见面。为了注重问题的实用性，本书讲求译文更加口语化。众多学员及实践的引导者阅读过，并且给予了词语上的建议。

在引导先行的欧美国家，目前政府部门、企业内部都有"引导师"这个职位。在近 20 年的发展中，引导这门专业已经渐渐在亚洲得到认可。借此，我们感谢在引导领域努力的前辈们，感谢理查德·韦斯特、盖尔·韦斯特（Gail West）和劳伦斯·菲尔布鲁克（Lawrence Philbrook）。我们会继续努力，也相信未来引导在亚洲的发展会更加繁荣。

许逸臻

译者序

距离上次负责翻译及校对 *The Art of Focused Conversation: 100 ways to Access Group Wisdom in the Workplace* 这本书，已经时隔七年。很高兴有此荣幸再度为这本 ICA 方法经典图书简体中文版的出版贡献力量，让它有机会在中文世界里传播得更广。

七年前的工作与本次有所不同。当时是将英文翻译成繁体中文。中、英文毕竟是完全不同的语言。还记得当时最大的挑战是如何在英文翻译成中文后，还能适当、确切地将其运用在引导现场。这的确是需要字斟句酌的工作。当时参与翻译与校对的引导者，在繁忙的引导项目中找空当进行校对。就像"怀胎十月"一样，磨难了许久才让作品问世。好的品质自有其回报，繁体中文版成了长销书，而且还影响了许多使用简体中文的读者。

这次的工作要感谢繁体中文版的出版者——开放智慧引导科技股份有限公司——提供繁体中文版作为蓝本。有了繁体中文版作为基础，就像站在巨人的肩膀上，工作简单了许多。我们的工作是集众人智慧进行的。此时引导在中国方兴未艾，我们特地邀请了多位引导者参与这次的工作。他们都是对引导有热情、学过焦点讨论法的引导先行者。有了他们的参与，本书的翻译及校对感觉就像轻舟已过万重山一样，比起上次快了许多。特别感谢他们。

参与初校的引导者有（以姓氏拼音顺序排列）曹虹、陈晖（Cliff）、付金颖（Victoria）、鹤桐、江舸（Kathy）、李梦铃（Moira）、李中、骆骏（加加）、张培（Elaine）、张昀璐、郑晓琼（Amy）、钟峰（玩主）。

二校工作则由张树金（Simba）负责。张树金对于 ICA 方法有长时间的认识与体会，而且有很好的文字敏锐度，跟他熟识的朋友一定都见过他发表的打油诗。

这次二校由他把关，无疑带给了这部作品更好的品质。

三校工作除了我，还有许逸臻进行最后的修正。我与许逸臻对ICA方法特别有感情。除了因为它是我们十几、二十年前入门引导最开始学习的方法，还因为我们是ICA认证的ICA方法培训师，十几年长期担任此方法的教学工作，感觉这本书就像我们的小孩一样，很开心能够为它催生。

此外，还要特别感谢李梦铃。她除了负责一部分初校工作，还负责联系、整理校对稿及检查词汇的工作。

最后，很开心与电子工业出版社的合作。他们对于引导图书的出版有着莫大的兴趣与热情，同时对于我们这次的工作给予了很大的信任。感谢他们。

这本书是ICA众多前辈的智慧结晶。感谢ICA的信任，特别是加拿大ICA的比尔·史泰博（Bill Staples）的协助。希望本书能帮助更多使用简体中文的读者，让他们更好地认识并应用焦点讨论法。

钟琮贸

编者序

加拿大（ICA）销售的图书很多。由芝加哥文化事业学会的劳拉·史宾塞（Laura Spencer）所著的 *Winning Through Participation*（《参与致胜》），是第一本文化事业学会之"参与的科技"（Technology of Participation，ToP）的相关图书。随后出版的 *Participation Works*（《参与的成效》）与 *Government Works*（《政府机构的成效》），两者皆由提姆·托拉克塞尔（Tim Troxel）主编。之后泰利·博格戴（Terry Bergdall）的 *Methods for Active Participation*（《积极参与的方法》）、布鲁斯·威廉斯（Bruce Williams）的 *Fifty Ways to Build Team Consensus*（《五十种建立团队共识的方法》，这是我们最畅销的图书），由贝尔登（Belden）、海悦（Hyatt）与安克利（Ackley）共同创作的 *Towards the Learning Organization*（《迈向学习型组织》），以及由约翰·柏比橘（John Burbidge）主编的 *Beyond Prince and Merchant*（《王子与商人之后》）等都是引导者最好的方法资源。这些图书大多数是由加拿大以外的文化事业学会网络成员所编写的。

因此，我们在思考，或许这是我们应该撰写属于加拿大文化事业学会的图书的时候了。但以什么为主题来写呢？讨论就此展开，我们团队引导课程的几位毕业生回复给我们的报告为我们的讨论加了分。我们想起了他们对焦点讨论法的看法，以及在自己组织内运用焦点讨论法时所带来的改变：

- "焦点讨论法的持续运用改变了我们组织内的工作环境。"
- "焦点讨论法是能持续加深员工学习的方法。"
- "这个方法为组织的董事会带来了更好的对话。"
- "这个方法让我们能够在问题变大之前先处理它。"

当回顾这些评价以及其他对焦点讨论法的评价时，我们清楚地认识到，这个方法本身就具备足以在职场与组织内释放出全新事物的能力。它也是很棒的学习工具，人们通过彼此聆听和对话，就能启动革命性的变革。这是值得出书的主题，因此我们开始了筹备。

首先是构思大家合作的架构。我们规划了每个月的第一个星期——作为我们的研究日。在第一次的研究日里，大家集思广益，想出了130个焦点讨论的题目。

其次是设定本书的焦点。由于我们想出来的题目大多与职场有关，因此大家决定把焦点放在这上面。这样一来，企业、政府和非营利组织等职场都被包含在里面。

然后是设计每个题目呈现的格式。有了确定的格式后，大家就开始进行写作。但在写完30个题目后，由于大家必须进行该年度的其他工作，因此没人有时间继续写作。

自1997年1月起，我们又开始继续写作。我们请工作伙伴、同事与我们课程的毕业学员提供他们在职场内使用过的讨论范例。由于ICA已经通过"团队引导方法"这门课程教授焦点讨论法多年，所以很快就收到了毕业学员与其他引导者所写来的关于他们如何在职场运用焦点讨论法的回复。许多人发来了写有特定题目的范例，全球各地的伙伴提供了他们使用过的讨论流程，还有人建议书名。

5月底前，我们写完了90个题目，开始在彼此之间互相传递校阅。

我们将所有题目集结成七个主要的职场领域或流程：

1. 有关评估与回顾的讨论
2. 有关筹备与策划的讨论
3. 有关教练与辅导的讨论
4. 有关诠释信息的讨论
5. 有关决策的讨论
6. 有关管理与督导的讨论
7. 有关个人与庆祝式对话的讨论

随着图书渐渐成形，我们组成了三个任务小组，分别负责内容校订、营业计划与营销、编排与出版。另外，我们从外面聘请了一组人员进行内容的编辑，这

学 问

通常是出版中最烦琐的工作。我们感受到"把事情做对"与"把事情做完"这两种想法在心中拉扯。

整个计划一点一滴地完成。随着各任务小组报告的呈现，我们做出了关于书名、外观设计、整体呈现的感觉等重要的决定。

编写本书的团队包括以下 ICA 成员。他们担任培训讲师与顾问，每年培训 1 500 位学员，以及在咨询服务中协助同样数目的人工作，范围横跨整个加拿大以及各个行业。他们为本书注入了他们从工作中获得的实用且扎实的智慧。

邓肯·赫姆斯（Duncan Holmes）是加拿大 ICA 的执行董事。他充满魅力的个人风格让其在协助组织与社区计划变革的领域中成为最抢手的引导师。目前他专注于引导有效的组织变革，以及培训领导者实用的参与性方法。邓肯对于历史背景的强调以及坚持完善方法论对本书的最终出版带来莫大的贡献。

乔·尼尔森（Jo Nelson）多年来在许多国家致力于赋予人们达成共识的能力和强化团队动力。她擅长让有不同意见的团队成员进行有效的沟通。除了在加拿大各地进行教学，她也响应个别组织的需要，提供咨询服务。在编写本书的过程中，乔坚持每一篇范例都基于具体的情境。同时，她也撰写了每一篇范例的理性目标和体验目的。

伟恩·尼尔森（Wayne Nelson）对于引导流程的精通以及洞悉事物深层模式的能力，让他能够帮助团队找到事情最重要的核心。他在全球协助各种组织进行项目的规划和执行已经有 27 年。伟恩善于设计与引导让团队形成创新行动计划的流程。他也是非常优秀的个人教练，每周投入许多时间辅导 ICA 课程的毕业学员。在本书第 1 版与第 2 版初稿的改版过程中，伟恩对流程与模式的精通再次发挥了作用。

比尔·史泰博（Bill Staples）是一位充满创意和活力的人，25 年来帮助了加拿大的很多社区、医院及企业。比尔的专长是团队建立、策略规划和分享可行的团队流程方法。除此之外，他还录制了许多教学录像带，出版了 ICA 每年三期的 *Edges* 期刊。他将担任顾问和出版方面的经验融合在一起，创造了本书内容多样化的组织情境范例，同时在预算与出版事务上也发挥了监督的作用。

编者序

珍妮特·斯坦菲尔德（Jeanette Stanfield）是一位技巧非常高的教育家。她在学前教育、学校教育以及成人教育领域拥有30年的经验。她近年来的研究引领其将多模态学习和学习风格应用于引导实务上和 ICA 的课程中。珍妮特对于认知环境如何释放或压抑创意的洞察，为我们在设计讨论范例而陷入困难时提供了很好的指引。

布莱恩·斯坦菲尔德（Brian Stanfield）是一位课程顾问、老师、作家和编辑。他担任 ICA 全球学院的校长许多年，教过数千人参与技巧以及人的发展的理论与实务。布莱恩在世界各地的丰富培训经验让 ICA 的课程更务实、更聚焦，内容更扎实、更系统。他从所有层面引领大家，让本书得以完成。

除此之外，还有许多人对本书的完成提供了协助。我们特别感谢其他国家和地区的 ICA 伙伴的鼓励和帮助。他们提供了他们实际使用的讨论流程，并对书名提供了有用的建议。这些人则向我们展现了可以如何使用本书：加拿大的雪莉·克莱弗利（Shelly Cleverly）、迈克·考克森（Mike Coxon）、戴维·迪克（David Dycke）、布莱恩·格里菲斯（Brian Griffith）、贝琪·惠特利（Betsy Heately）、苏珊娜·杰克逊（Suzanne Jackson）、黛布拉·克斯米茨基（Debra Kosemetzky）、达西·麦肯齐（D'Arcy Mackenzie）、杰瑞·明斯（Jerry Mings）、达雷尔·菲利普斯（Darrell Phillips）、玛德琳·韦伯（Madelyn Webb）、迈克尔·扎鲁贝克（Michael Zroback），美国的约翰·伯比奇（John Burbidge）、琳达·琼斯（Linda Jones）、戴维·麦克莱斯其（David McCleskey）、劳拉·史宾塞（Laura Spencer），澳大利亚的苏·查普曼（Sue Chapman）、约翰·米森（John Miesen）、茱莉·米森（Julie Miesen），马来西亚的约翰·埃普斯（John Epps），以及印度的杰克·吉勒斯（Jack Gilles）。

特别感谢美国 ICA 的戈登·哈伯（Gordon Harper）创造出本书中丰富的反映性问题题库。约翰·克洛普尔（John Kloepfer）很大方地分享了他的博士论文里对于这个讨论方法的研究。感谢希拉·希基（Sheighlah Hickey）和萨拉·戈德曼（Sara Goldman）进行了仔细的校对工作和排定讨论范例的顺序，克里斯汀·英（Christine Wong）持续提供了物质上的协助，以及贾尼斯·克莱尼特（Janis Clennett）在设计营销与销售相关的范例上所给予的帮助。

XI

学 问

最后，十分感谢布莱恩·格里菲斯（Brian Griffith）和罗妮·西格伦（Ronnie Seagren）对此题材的支持，他们强大的编辑能力，以及将文字转化为适宜读者阅读的图书的敏感度。

R. 布莱恩·斯坦菲尔德

目录

引言　方法的缘起 1

第1部分　理论与实作

第1章　为什么需要对话，为什么对话在职场中特别重要 6
片段式对话 7
传统心智习惯 8
职场的改变 13

第2章　纵览焦点讨论法 17

第3章　焦点讨论法的架构 24
是自然的过程，也是生活的方法 24

第4章　引导一场焦点讨论 33
如何依本书范例引导讨论 34
应铭记在心的提醒 37

第5章　从头开始准备焦点讨论法的步骤 41

第2部分　100个讨论范例

单元A　有关评估与回顾的讨论 54
A1 回顾过去的一年 56

  A2 回顾一场工作坊 58

  A3 回顾一场由顾问做的演示 60

  A4 回顾一场规划会议 62

  A5 回顾当日的工作 64

  A6 回顾组织的历史 66

  A7 评估一个研修班 68

  A8 评估一个课程计划 70

  A9 评估项目进度 72

  A10 分析一个滞销的产品 74

  A11 评估一份营销资料 76

  A12 回顾一份重要的报告 80

  A13 评估一个员工福利方案 82

  A14 评估一场贸易展 84

  A15 评估一个新的工作表格 86

单元 B 有关筹备与策划的讨论 **88**

  B1 在工作坊开始前帮助团队聚焦 90

  B2 介绍新的培训主题 92

  B3 准备产品简介 94

  B4 收集读书心得 96

  B5 帮助团队准备报告 98

  B6 策划标志与口号 102

  B7 策划职场中的学习小组 104

  B8 准备会议的议程 106

  B9 组织内部志愿者团队 108

  B10 策划员工聚会 110

  B11 制作宣传手册 112

  B12 整合预算 114

  B13 设计新办公空间 116

B14 创想新的装潢 ... 118
B15 选定大会主题 ... 120
B16 设计客户服务手册 ... 122
B17 启动营销规划流程 ... 124
B18 准备新产品上市的策略性报告 ... 126

单元 C 有关教练与辅导的讨论 ... 129

C1 教练一位同事 ... 132
C2 讨论工作职责 ... 134
C3 向培训师反馈意见 ... 136
C4 和员工讨论确实负责的问题 ... 138
C5 讨论一系列的工作标准 ... 140
C6 自我思索困难的情境 ... 142
C7 辅导经历家庭危机的员工（范例 1） ... 144
C8 辅导经历家庭危机的员工（范例 2） ... 148
C9 察访新员工工作情况 ... 150
C10 化解长久以来的误解 ... 152
C11 回应针对个人的抱怨 ... 154
C12 安抚一位生气的顾客 ... 156

单元 D 有关诠释信息的讨论 ... 158

D1 诠释故事 ... 160
D2 分享文章 ... 162
D3 讨论培训用影片 ... 164
D4 讨论刚刚看完的电影 ... 166
D5 评估社会趋势 ... 168
D6 讨论新闻 ... 172
D7 思考组织的改变 ... 174
D8 评估采购提案 ... 176

D9 针对顾客需求设计服务方案 178
　　D10 诠释系统稽核的结果 180
　　D11 分析预算绩效 182
　　D12 回顾一次混乱的会议 184
　　D13 思考新的政府法规对产品带来的影响 186
　　D14 讨论部门重组的提案 188

单元 E　有关决策的讨论 190
　　E1 帮助一位同事思考以做出决定 192
　　E2 在团队中分配任务 194
　　E3 决定工作的优先级 198
　　E4 讨论同事对某个策略文件的反应 200
　　E5 化解团队在决策上面临的困难 202
　　E6 决定参加商务展览的策略 204
　　E7 重新架构团队的使命 206
　　E8 执行新的董事会政策 208
　　E9 决定计划的优先级 210
　　E10 为重要的项目评估工作设定委托评估范围 212
　　E11 编制年度预算 214
　　E12 处理与工作环境有关的议题 216
　　E13 重新调整办公室的工作规范 218

单元 F　有关管理与督导的讨论 220
　　F1 与员工详细讨论工作情况 222
　　F2 检视工作职责 224
　　F3 面试应聘者 226
　　F4 反省一次令人感到挫折的会议 228
　　F5 进行绩效评估 230
　　F6 评估员工的职场需要 232

F7 找出项目停滞不前的原因...234

　　F8 了解某次卖场纷争...238

　　F9 找出影响市场的因素...240

　　F10 分析销售统计数据...242

　　F11 处理授权上的问题...244

　　F12 与厂商合作解决产品供应的问题.......................................248

　　F13 反省组织的转型..250

　　F14 凸显公司与竞争者对比之下的特点....................................252

　　F15 针对组织重整计划出阶段性的时间表..................................256

　　F16 新任经理反省其领导角色..258

　　F17 评估一门培训课程的成效..260

　　F18 制定参与准则..264

单元 G 有关个人与庆祝式对话的讨论.................................266

　　G1 对今天的反省...268

　　G2 从生命的重要事件中学习...270

　　G3 规划个人的成长..272

　　G4 引导者在引导团队时的内在反省..274

　　G5 评估一项额外的工作..276

　　G6 庆祝重要的成就..278

　　G7 庆祝一位同事退休：与这位退休同事的对话........................280

　　G8 庆祝一位同事退休：团队的回顾......................................282

　　G9 为同事庆生..284

　　G10 访问本月最佳员工..286

附录

附录 A　可参考的反映性问题与诠释性问题.....................290

附录 B　伯姆的深度会谈法..293

XVII

附录 C	艺术领域中对话的力量	296
附录 D	五种武器王子的故事（此故事可搭配讨论范例 D1）	299
附录 E	引导非正式的谈话	301
附录 F	文化事业学会：使命与分布地点	302
附录 G	谁能为我设计讨论的内容	306
附录 H	引导焦点讨论的重点摘要	307
附录 I	准备一场焦点讨论	309

引言

方法的缘起

> 一个社会一旦失去对话的能力,就会只剩下各种不协调的声音彼此较劲,互辩输赢。不仅彼此的交流无法深入,也找不出超越本位看法与私利的深层意义。这时候似乎可以提出合理的质疑:是否因为我们丧失了与彼此对话的能力,而无法从更大的生命共同体的角度一起思考,导致我们现今面对的种种深层问题,陷入僵局,并丧失对彼此的尊重和关心。
>
> ——彼得·圣吉(Peter M. Senge)《对领导的反思》(Reflections on Leadership)一书中"对组织领导的新看法"(A New View of Institutional Leadership)一文

历史上最大的对话失败,发生在现代化科技时代的第二次世界大战。所有致力于了解彼此的人,无论是艺术家、神学家,都惊恐地看着整个社会系统性地毁灭。但或许没有任何一种社会团体像幸存的军人受创这么深。返乡后的他们往往无法以言语说出他们在战争中的所见所闻。他们竭尽所能,试着去揣摩这人类文明史上可怕的失败,要找出一种能够理解他们的经历的方法。

在这些人中有一位叫作约瑟夫·马修(Joseph Mathews)的军中牧师。他曾经跟随美国海军陆战队登陆太平洋群岛中的塔瓦拉(基里巴斯首都)、塞班岛、硫黄岛和冲绳。战后当他回到大学任教时,他满脑子都希望能够帮助人们从内在处理这些发生在他们生命中的事件。但这些人该如何从走过的历程中寻找出意义呢?他们如何携手完成这样的事情呢?

马修后来发现一位艺术教授说过的话对他最有帮助。有一次她告诉他,任何与艺术的接触都启动了一次三方对话——由艺术品、艺术家和观赏者进行的对话。因此,询问钢琴家某首乐曲的意义是什么,其实是没有用的。音乐家只能再一次

学 问

演奏，以再一次创造那样的体验，让听者自行诠释其中的奥妙。

这位教授继续说道："首先你必须认真地看待这部作品，仔细观察当中有什么，没有什么。然后也要以同样的认真态度，观察自己在欣赏这部艺术作品时的反应，什么让你反感，什么吸引你。你必须抽丝剥茧地深入觉察，直到你能够开始问这部作品对你的意义是什么。"这位教授解释：艺术和聆听一样，你必须努力，才能从艺术作品或对话中创造它对你的意义。

忽然间马修的脑子灵光一闪，这个观念和他正在阅读的19世纪丹麦哲学家祁克果（Søren Kierkegaard）以及其他20世纪的欧洲思想家的想法不谋而合。祁克果与这些现象学家认为"自我"就是一连串的关系与觉察。它观察生命中发生的事，从内在对这些观察做出反应，然后根据观察与内在反应来创造意义或洞见，并从中得到后续的影响与决定。

马修决定运用这种方法来创造一种讨论的形式，并在他的大学社团中针对不同的艺术形式进行实验。他最先尝试凡·高的画作《星夜》（Starry Night），然后就是卡明斯（E. E. Cummings）的诗集，以及当时的一部电影《岸上风云》（On the Waterfront），带领团队反省。他开始称这种方法为"艺术形态的对话"。

在对毕加索的画作《格尔尼卡》（Guernica）进行讨论时，马修请学生们形容这幅画中的对象，并邀请他们观察自己内在的反应。之后他说："好，现在请大家想一想你从这幅画中听到的声音。我数到三，大家就发出你所听到的声音。依照你感觉那声音应该是的样子，让它变得大声或安静。准备好了吗？一、二、三！"整个教室爆出了痛苦与愤怒的叫声。教室的门飞快地被打开，外面有两位学生探头进来，脸上的表情就和这幅画作一样。在一片令人震惊的沉寂中，他们听到老师问："你看到这幅画的情境曾在你生命中的什么时候上演？"

结果相当令人惊讶。学生们原先认为艺术只是"文化"物品，甚至是"装饰性"的物品。现在他们发觉他们的生活不仅与艺术紧密结合，而且反映在艺术里。他们发觉艺术形式是一种挑战他们对生命习以为常的态度的动力。一位参与者表示："忽然间，我发现各种艺术作品都在向我呼唤，它们在说：'醒醒吧！活出你真实的生命吧！'"

马修的同事也开始运用这种体验式的教学，他们在各种课程中尝试不同形式

> 引言
> 方法的缘起

的反省方法。最后，他们发展出一种较为流畅的形态，适合各种主题，又有完整的结构可以自成一套方法。艺术形态的对话由此诞生！

五年后，也就是在1960年，马修和一些同事迁移至芝加哥市区的一处贫民窟，和当地社区领袖共事。他们在当地大量运用艺术形态的对话，让整个社区能够共同反省。这成为文化事业学会（The Institute of Cultural Affairs，ICA）在世界各地从事社区营造的重要基石。

三十年后，于1990年，组织和政府机构经历了变革的阵痛。人们不断质疑："我们该如何消化生命中发生的事？如何超越我们经历的危机并结合智慧创造新局面？我们必须找出一种可以让我们参与这些变革的方式，在我们自己的团队内做出决定、向前迈进。我们厌倦了办公室内的钩心斗角。我们需要运用与主管、同事对话的方法，以开诚布公的方式解决问题。你可以帮帮我们吗？我们需要实用的方法。"

将场景移至某某公司的会议室。会议室前方的一位引导者问："你们面对的是什么样的问题？是什么阻碍了你们处理这些问题？你们看到了哪些接下来可采取的行动？"

这些问句稍有改变，但是方法相同。艺术形态的对话被冠上了一个新的名字——焦点讨论法。这种共同反省的方法，已经在世界各地的组织中被普遍使用。

另外，提醒诸位读者，本书中的"引导者"（Facilitator）、"对话带领人"（Conversation Leader）、"讨论带领者"（Discussion Leader）三个名词意思相同，常常交替使用。

第 1 部分
理论与实作

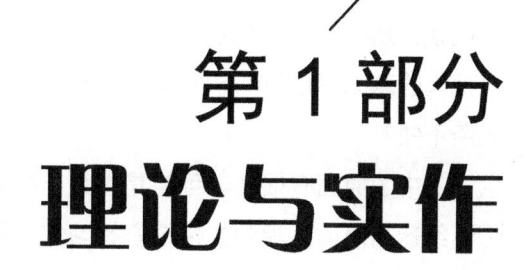

第1章

为什么需要对话，为什么对话在职场中特别重要

> 追本溯源，每个组织都是其成员思考与互动方式的产品。
> ——圣吉（Senge）、克莱纳尔（Kleiner）、罗伯茨（Roberts）、罗斯（Ross）与史密斯（Smith）等所著的《第五项修炼实践篇》（*The Fifth Discipline Fieldbook*）

过多的信息，加上书籍与媒体中知识的魅力，似乎已经让许多人忘却了从平凡对话中获取非凡智慧的价值。但仍然有人笃信处理真实的情境必须与真实的人对话。尽管信息的传递有多种渠道，然而真实的知识与洞见似乎还是从人们的互动中才能创造出来。

与一个人对话可以解决问题或疗愈创伤；与一群人对话可以激发承诺、凝聚团队、激荡出新的机会，以及创建愿景。对话可以改变工作模式，建立友谊，创造焦点与能量，坚定大家的决心。

那么，为什么大家会认为组织所面临的最严重的挑战之一就是人与人之间的关系？为什么沟通如此困难？为什么我们无法好好倾听？为什么谈话常常沦为争论或谈论琐事？为什么我们对同事所说的话吹毛求疵？为什么我们如果不赶快纠正他人的意见，就觉得天快要塌下来了？为什么有些人自大到认为自己绝对正确，无所不知？

其中的原因有很多。可能是因为电视时代特有的片段式对话；可能是因为我们继续运用以前所学到的传统心智习惯，虽然它效果并不好；也可能是因为职场的改变。我们接下来将一一讨论。

> 第1章
> 为什么需要对话，为什么对话在职场中特别重要

片段式对话

这个世界已经信息过剩。虽然信息在过去是协助我们克服科技与社会问题的重要资源，然而也正是我们在科技上的成就将信息变成了垃圾。越来越多未经处理的信息占满了我们的计算机和档案柜。套用社会批判家尼尔·波斯特曼（Neil Postman）的话："我们都成了垃圾工人。"当信息产业夜以继日地设计更好的计算机和光盘，以储存数以千兆计的信息时，我们却不再能成功地从中萃取智慧以应用在生活中，去解决社会、生态、政治甚至经济的各种真实问题。教育制度坚持将大量的信息灌输进学生的头脑，却花越来越少的时间探讨片段式信息间的关联。这些模式也在我们与他人的对话中重复出现。大多数人对于对话的印象就是闲聊。认真对话的艺术已经逐渐消失。在这个多媒体时代，音频是以秒或比秒更小的单位来计算的，许多实际的对话也变得同样匆忙——互动快速、仓促且往往没有深入地发展想法。我们会发现自己正在模仿电视主播的风格，在提出问题之前早已做出判断。大多数人可能都会同意，我们一方面删去了思考过程，另一方面觉得自己没有时间做真正的反省。

↘ 对"对话"的印象

对话给大家普遍的印象是，人们在偶遇的街角、公司茶水间或午休时间的闲聊。这些对话通常由不完全相关的句子串联起来。"昨天我去电影院看《异形巨兽》（*Gargantua*）。真的很好看！""我今天下班后要去剪头发。我的发型设计师是全世界最棒的。""天啊，你有没有看到安杰拉今天交的那份报告？她真的花了很多心血。我不知道她为什么这么努力！"话一说完，又各自回到工作岗位上。

如果那时有人重视这些对话，她就会根据以上的每句话再提出问题。她或许会问第一个人："这部电影好看的地方在哪里？你为什么喜欢它？"问第二个人："为什么他是全世界最好的发型设计师？"问第三个人："安杰拉的报告有什么特别的？为什么努力对她来说这么重要？"换句话说，每次对话需要有这么一个人在场，用自己的方式请对方"多说一点"。

学问

↘ 短句式的对话

生活的步调如此快速，每天都有排不完的事情要做，因此一个不成文的规则出现了："想说什么，最好长话短说。"所以大家习惯性地压缩想说的话。在填写问卷调查时语句更短，如"很好，帮助很大"或者"还需要改善"。学校老师给学生写的是"请详细说明这几个想法"。如此有限的沟通如何能让学习发生？

在表达上加以这样的限制，结果造成反省的贫乏。苏格拉底曾经说过："少了反省的生命根本没有意义！"（The unreflected life is good for nothing！）我们发现生活变成只是一个活动接着一个活动持续进行，却没有时间停下来问自己："发生了什么事？为什么这件事对我是重要的？"或者"为什么我刚刚开会的时候那么生气？"我们也很少问自己："我们刚才做的决定有哪些长远的影响？"

传统心智习惯

另外，抑制对话的习惯来自人们思考方式的教育，至少西方的教育是如此。乔纳森·斯威夫特（Jonathan Swift）在他的著作之一 Hints toward an Essay on Conversation 中，就曾形容过滥用面对面对话的状况，以及他那个时代在对话中的性别歧视。他对当时情境的许多观察，在现今的对话中都还存在。他抱怨："彼此对话可以是有帮助且单纯的愉快经验……却受到如此的忽略和滥用。"他举出例子来证明他的观点："没有耐心地打断对方，自己被打断时的不悦，让听者受不了的没完没了的任性谈话，过度强调自己的机智与诙谐，喜欢用专有名词来炫耀，习惯在讨论严肃话题时将在场的女性打发到旁边去。"（摘自乔纳森·斯威夫特 A Complete Collection of Polite and Ingenious Conversations 一书。）他的观察点出了对于有智慧的对话的更深层阻碍。

↘ 强调主张的文化

所谓的主张者，指的是恳求支持或申明某种想法、推动某个观点与提案，或推荐某项产品的人。主张者深信自己的立场正确，并且寻求支持自己的人。相反，探询者面对议题时，态度则是开放不设限的，以寻找更有创意或可行的意见，或者试着了解某件事的实情。他试着打开新的视野或以全新的角度看待"确定的事实"。

人们并不善于平衡主张者与探询者这两种角色。我们大多数人被教育成好的主张者。虽然说服他人并没什么不好，但带有立场的主张常令对话成为对抗的形式，想法在其中互相倾轧而非充分了解。

瑞克·罗斯（Rick Ross）和夏洛特·罗伯茨（Charlotte Roberts）指出，西方企业经理人终身所受的训练，就是如何成为更有说服力、更善于表达的主张者。他们知道如何呈现，知道如何为自己的看法据理力争。但随着职位的升高，他们必须处理的问题更为复杂，各个层面环环相扣，没有人知道所有的答案。面对这样复杂的情况，唯一可行的做法是让一群拥有所需信息且愿意投入的人共同思考，以获得新的洞见。此时此刻，他们需要学习的是如何有技巧地平衡主张者与探询者两种角色。（摘自罗斯、罗伯茨等《第五项修炼实践篇》一书，第253~259页。）

不能了解彼此

人类的自我倾向往往让我们在对话时等不及对方说完，就拼命想发表自己的看法。别人的发言变成对我们发言的严重干扰。在这样的过程中，我们不但无法了解对方的意思，甚至连对方讲了什么都没听完整。德博诺（De Bono）对于流畅对话发挥到极致的可能有着非常贴切的描述。他在定义水平思考法时说道，在对话中若能包容并鼓励各种看法，就可能出现这样的对话流：

"一般的对话其实只是各种意见相互抵触的纷争，厉害的人获胜。好的对话运用一种平行的思维方法，各种想法并排放下，在想法贡献出来的过程中先不互动。如此就没有抵触、争议、对与错的评判，产生的是对主题真诚的探索，而结论与决定会从中自然衍生。"（摘自爱德华·德博诺《水平思考法》一书，第36页。）

罗斯在他以原住民文化为主题的书籍之中，谈到自己融入原住民族群的经验。当知道没有人会让他评判其他人的所作所为，也不会预期他心里有所判断就要即

学 问

刻说出时，他仿佛卸下了一个重担。他谈到大多数人的一种负担——随时随地对各种事物都有义务形成与表达自己意见的重担。(摘自罗斯 Return to the Teachings 一书，第 108 页。)

❧ 真理的唯一拥有者

有人宁愿舍弃快乐也要正确。一段对话正顺利进行，忽然间唐突地结束，就因为有某人坚称："这句话根本就是错的！"接下来，可想而知的响应就是："谁说你是真理的唯一拥有者？"那些观点被评论者宣告不对的人，一定会慎重考虑下一次要不要再度参与对话。许多人狂热于拥有真理，但就如同德博诺所说的："坚持绝对真理会让人忽略复杂系统互动的现实，让人重视分析而非创造设计，让人自鸣得意、自大自满、自以为是，让人奉行旧有规范而不思改变。"德博诺提议大家学用一些很棒的字眼，如"可能""或许""这也是一种看法""可以说'是'，也可以说'不是'""看起来好像是这样""有时候"。(摘自爱德华·德博诺《水平思考法》一书，第 66 页。)

来自原住民司法系统的精神在此也对我们有所帮助。原住民并不赞同白种人运用抗辩的审判方式来得到"真相"。传统原住民教义认为，人们对于在他们之中发生的情况总会有不同的观点。因此问题不在于找到"真相"，而在于寻找大家所持有的不同观点并予以尊重。在这样的理解之下，真相与各方对被讨论事件的反应和参与感有关，因为对他们而言这才是真实的。

❧ 二选一的专制

假设 10 人围在桌边讨论，真相并不来自任何一个人，而是在这一桌人中间，存在于这 10 人的观点中，由这 10 人共同创造出他们所处情境下的真相，那么对于这群人当中较坚持己见的那些人来说，这并不是好消息。吉姆·柯林斯 (James Collins) 和杰里·波拉斯 (Jerry Porras) 曾经谈到"二选一的专制"(The tyranny of the OR)。故事中的暴君逼迫大家相信事情只能从 A 或 B 中选一，而不能两者都对。例如，"你要么就按部就班地进行，要么就见机行事；你要么就允许完全的创意自主，要么就掌控一致性与主导权。"[摘自吉姆·柯林斯、杰里·波拉斯《基

第1章
为什么需要对话，为什么对话在职场中特别重要

业长青》(*Built to Last*)，第 43~45 页。]

许多有远见的组织不甘受到"二选一的专制"的钳制，转而运用"兼容并蓄的天赋"(The genius of the AND)，也就是让自己能够同时拥抱多重方面的能力，从那样的桎梏中解放自己。

↘ 批判者

大约在 1900 年，正当英国帝国主义思想盛行时，年轻的数学家伯特兰·罗素(Bertrand Russell)认为对话的目的在于分辨对错。至今许多人仍然深信他的说法，从来不愿错过可以纠正同事或亲人错误的机会。很多人从小被教导"不要和长辈顶嘴"，但从来没有人教导我们"不要和平辈顶嘴"。事实上，我们之中勤练辩论艺术的人，对于拆解其他人的论点相当熟练。鲁伯特·罗斯(Rupert Ross)形容语言的差异如何导致我们对生活日常事务的不同反应："我从来没意识到英语是如此刺耳的语言，也没想过当我们说话时，态度会变得如此批判和好辩。我也从来没想过可以有不同的生活方式，不必以这样的好辩和批判的态度响应身边的所有事物。"罗斯接着还列出了一连串的形容词，如可怕、令人振奋、令人厌烦、具启发性等，这些词直接下结论的成分多过形容事物。他也列出了许多负面名词，都是我们常常用来描述别人却内含批判的词，如小偷、胆小鬼、罪人、怪胎、白痴等。相反，原住民很少在日常对话中批判，即使在说英语时也是如此。纵使如此，他们的沟通也没有什么问题。（摘自罗斯 *Return to the Teachings* 一书，第 107 页。）

在《水平思考法》中，德博诺认为西方文化总是给批判性思考过高的评价。老师总是训练学生要对眼前的事物立即做批判上的"反应"。此时最容易给的评语就是负面的评语。开会或对话中，任何人想要参与或被注意到的话，就必须表达一些意见，最简单的就是提出负面的说法。从情绪的层次上来看，批判也有它的吸引力和让人获得满足感的特点。只要我攻击某种看法，我立刻看起来比这个看法或提出这个看法的人要高明。批判，也是没有创意的人能够达到目的或获取影响力的少数方法之一。

除此以外，德博诺也表示，批判需要花的力气很少。只要选定一个与他人不同的角度来批判，你就能找到一片能够让你自由大放厥词的空间。例如，如果话

学 问

题是建筑，有人表达对德式包豪斯风格（Bauhaus）的喜爱，而我偏好仿古，我只需指出包豪斯建筑过于僵硬、不优雅、非常无聊即可。如果有人喜欢以识字的方式教阅读，我可以批评对方对发音的影响不够重视。若是对话就此中止——通常也都会就此中止——我就永远无法了解这位朋友的审美观，以及为什么她会喜爱包豪斯风格的建筑。我也听不到那位教阅读的老师分享自己帮助幼儿克服学习障碍时如何从试错中学习的故事。

简单来说，这就是问题所在：当批判变成对话的第一步时，对话就会中止，所以批判通常也是对话的最后一步。如果我们先倾听对方，了解对方想要做的是什么，然后和对方讨论如何做得更好，情况就会有一百八十度的转变。德博诺认为批判虽然是思考中非常有价值且不可或缺的一部分，但以批判作为思考的全部，则完全不恰当。（摘自爱德华·德博诺《水平思考法》一书，第27~28页。）

批判是理论家最喜爱的工具。许多好的批判者发现自己是这样的思考风格时，常常感到很惊讶。从经年累月令人不满意的经验当中，这些人会慢慢发现：

- 我的注意力都集中在寻找对方的错误上。
- 我希望使他人的话不足信。
- 我陷入与同事对抗的关系中。

↘ 对抗的互动模式

有人说，与伟大真相对立的是另一个伟大的真相。但在西方文化的原型中，并没有这种让截然不同的看法共存的雅量。如果出现两种看法，通常会被推断为非此即彼的情况，仿佛思考是一种达尔文式的适者生存战争。有了这种心智上对抗的预期，人们通常会落入原始的求生本能：战斗、逃跑或僵住。有的人已经被训练得将别人当成敌人，所以在对话中很难克制住自己，很快就感受到内在的古老斗士的浮现。我们会试图贬低对方的可信度，以达成反对他们所提意见的目的。我们会说对方的担忧是负面的，而且他们的动机可疑。如果这种行为的目的在于把人赶走，这还真的很有效。即便只有一次被当成对抗的对象而被排挤，人们也会退缩、停止沟通、躲到敌方阵营成为反对的一方，而非成为愿意讨论共同关心的议题的人。

> 第 1 章
> 为什么需要对话，为什么对话在职场中特别重要

或许这就是我们需要重塑的心智模式：源自笛卡儿与其他二元论者的思维，坚持把世界分成两半（我们和他们、好和坏、合拍或不合拍），而"我们"当然属于好的、正确的、合拍的那一群。重塑这种心态，能够让我们更自在地面对与我们不同的看法。

职场的改变

职场的一连串改变，有时被称为"组织革命"或"新职场典范"，都主张更多的沟通、对话和参与。无论这些改变在初期的规模有多小，都需要在各层级的职场关系里培养新的人文素养。

全系统的组织

即使在现今这个十分需要信息的时代，许多组织的信息流动仍是自上而下的。有位作家说过，唯有在传达喜讯时，或者事情实在糟糕到掩盖不住时，信息才会自下而上流动。对这种方式的不满与日俱增，许多组织的领导者已着手去改变它。感谢彼得·圣吉和其他人的努力，越来越多的人开始以全系统的角度看待组织，而非以自上而下的权威结构或单人驾驶机器的角度来看待它。[摘自彼得·圣吉《第五项修炼：学习型组织的艺术与实务》（*The Fifth Discipline: The Art and Practice of Learning Organization*）一书，第57~67页。]商业作家现今也在讨论组织结构从金字塔模型到以圆形为基础的模型的演变。这些组织上新的典范的模型，包括彼得·圣吉的"学习型组织"、罗素·艾可夫（Russell Ackoff）在全方位组织上的研究，以及罗伯特·格林里夫（Robert Greenleaf）的"仆人式领导"的案例。

要让全系统更有效地运作，信息必须流向各处，不只向上、往下，连同一阶层的平行、跨阶层跨部门的对角都要流通。根据隶属原则（Principle of Subsidiary），属于组织某阶层的决策必须在此阶层做，否则组织将一方面出现推诿塞责的现象，另一方面出现过度管理的现象。组织中团队讨论事情的能力在此时就是关键。

学 问

↘ 学习型组织

学习型组织的概念来自"改变需要持续不断地学习与重新学习"的体悟。这意味着组织本身是一个发展的过程，组织从中演变与成长。布莱恩·霍尔（Brian Hall）形容任何组织都可能进行七种成长的循环。在这个成长的过程中，组织会从爬行、蹒跚学步直到会跑会跳，经历各种成长阶段，通常是从反应性或官僚式的运作模式朝向更为主动积极的发展。霍尔称这些阶段为人际、合作、学习和预知的阶段。在比较后来的阶段中，无论有什么样的遭遇，组织内的人都能够越来越契合，能够从中学习。[摘自霍尔《价值转变》(*Values Shift*) 一书，第 121 页。] 霍尔的研究清楚显示，组织的发展取决于成员间的互动及团队反省的质量。

学习的关键是组织内的个人与团队不断将经历转化成深刻的理解，以及个人风格上的蜕变。在这一点上，焦点讨论法能够让团队有能力对发生的事件进行反省：哪些进行得好、哪些进行得不好、为何会如此。这种对话对于学习型组织来说有时是生存关键。

↘ 领导者的任务是提问

随着学习型组织的发展，领导者和企业首席执行官对自己的角色定位也有了很大的转变。他们的角色由魅力型决策者和不可能犯错的老板，转变成引导大家提出问题、描绘愿景及解决问题的人。参与的原则要求他们必须掌握提问的艺术。长久以来，组织的管理者被期待解决和回答所有的问题，但此趋势让大家认识到力量蕴含在"提出问题"之中，现今管理者的关键技能就是提出问题以及从其他人身上引出答案。

领导者和管理者也发现，虽然让大家齐聚一堂发号施令比较简单，但从长远来说效果不好。因为按指令行事无法激发创意，无法唤起参与感，无法让人信服，更无法发挥和尊重众人的智慧与才华。但是，当管理者走进来对大家说"我们遇到了一个问题，让我们来谈谈如何解决这个问题"时，每个人就都能感受到变化。

越来越多领导者认定引导绝对是非常关键的管理技能。为什么？因为现在大家都想参与所有的事务，能够引导有效对话的人会更受重视。

第 1 章
为什么需要对话，为什么对话在职场中特别重要

↘ 超越象征性的参与

真正的参与不是一瞬间就能做到的。管理者和员工仍保有一些旧有的习性。邓肯·霍姆斯（Duncan Holmes）指出，虽然会议中的确会发生有关工作的相当认真的对话，但很遗憾，许多会议的召开只是为了证明"已经咨询过员工"了。员工本身对这类象征性的做法也感到厌烦。在演示后，会议结束前，众人被问道："大家是不是都同意这样？"可能只有两三位反应够快也够勇敢的员工发言，但他们也知道他们的贡献很快就会消失在官僚体系的黑洞里。这样的"参与"基本上只会使人感到无力。年复一年，在这些意见持续不受尊重后，大家对"参与"这件事也就产生越来越多的讥讽。即使他们的想法被认为不好，他们还是会想知道真相。他们会说："即使我们的提案不被接受也没关系，但要告诉我们结果以及为什么不被接受。让我们知道有哪些限制，我们才能再想想有哪些其他的做法。"（霍姆斯 *Proactive Public Meetings* 一文，摘自 *Edges* 杂志 1996 年 1 月刊。）

管理者也常怀疑员工参与会议的动机。如果会议召开的目的是要解决顾客抱怨，有些员工可能利用这个机会发牢骚。有些工会代表可能老是抓住机会争取自身利益，不愿讨论其他议题。这些情况都让"参与"留下臭名。还有些人似乎认为会议的目的只是想要寻找替罪羊。许多组织简直可以打印一张粗体字海报"光抱怨而不愿意负责是虚假的参与"贴在墙上。

不过到了今天，大多数人对归罪他人和趁机要求已经感到厌烦，人们想要解决问题。他们想要投入更多，以推动创意并且负责促成渴望的改变。

机敏的首席执行官和管理者知道，参与并非提振员工士气或提高公司销售收入的特效药，而是一种完全不同的待人方法。这种新方法肯定每位组织成员内在智慧所代表的宝藏。组织的任务之一就是，不断地开发和分享这些智慧。

↘ 落实参与的方法论

如果象征性的参与让员工感到无力，那么毫无方向的混乱会议也不能算参与。主题不断跳跃的会议很明显是在浪费时间。那些对自己的营销策略、零库存或全面质量管理感到自豪的组织，往往未曾意识到无效会议所造成的伤害。要求众人

学 问

参与当然是好事，但是少了方法，参与有时比没有参与还痛苦。其结果是造成混乱、反感与对参与的不良印象。在谈到企业在内部沟通上的挑战时，克里斯·阿吉里斯（Chris Argyris）指出，管理者用来处理相对简单的问题的方法，反而让大家得不到深入的信息来应对更复杂的组织革新问题，进而无法产生更具真知灼见的行为，也看不到更有生产力的改变：

> 多年以前，当企业仍愿意聘用那些只做他们被告知要做的事情的员工时，员工问卷调查和走动式的管理仍然是适合且有效的工具。它们能够针对例行性的工作（如自助餐服务和停车权益）得到有用的信息……这些方法所无法做到的是，让员工反省自己的工作和行为。它们不鼓励员工负起个人的责任，也无法浮现那些深层且具有潜在威胁性或令人难堪的信息，而这类信息往往可以激励学习并产生真正的改变。[摘自阿吉里斯《干扰学习的良好沟通》（Good Communication That Blocks Learning）一文，刊登于《哈佛商业评论》，1994年7—8月，第77页。]

现今的组织需要能够协助人们从被动反应转变为主动积极寻找解决方案的会议，需要那种能够让成员们尽情探讨影响他们生活与工作的课题的会议。组织中的每个层级都需要这样的会议，所以，每个人的投入及参与都是很重要的，而且久经试验的方法才能实现这样的议程，让参与极大化，将工作完成。本书就是在谈论这样一种方法，一种虽小但在今日被众多组织运用、正悄悄展现它的革命性影响力的方法。这种方法可用于处理如何对话。它正在改变本章前面所提及的效果不彰的习惯，以及支持更正面的职场变化。它就是焦点讨论法。

第 2 章
纵览焦点讨论法

> 对话是组织内唯一最伟大的学习工具——远比计算机设备或先进复杂的研究更重要。在社会中，我们很会闲聊，可以流畅地讨论最近红袜队的球技，或者下次度假时我们到哪里玩。但是，面对具有争议性的话题，如谈到对于某些权利的感受或两种重要的价值观互相冲突时，我们却拥有这么多的防卫机制阻碍彼此的沟通。在这种情境下，我们的沟通糟透了。
>
> ——威廉·奥布赖恩（William O'Brien），汉诺瓦保险公司前首席执行官

首先，对话不是什么了不起的事。我们一天到晚都在对话：晚餐时在餐桌旁、旅途中与同车的旅客，或者在公司的饮水机旁。

但对许多人而言，他们迫切需要通过更有焦点的对话，让大家一起解决眼前的问题，而不是依赖别人告诉他们该做什么事以及如何进行。彼得·圣吉曾经提到"对话"这个看来很通俗的词值得进一步深思。他指出，据说佛陀本人就花许多时间思索并写下有关对话的想法，佛陀认为这是人类生存最有价值的层面。他表示"对话的艺术"这个词直至近一百年都还对文化有深远的意义。总而言之，圣吉说："人们曾经认为对话的能力是一个人一生成长过程中最重要的层面之一。"［摘自圣吉《对领导力的反省》（*Reflections on Leadership*）一书，第 225 页。］对于对话深层潜力的赞赏在历史上屡屡可见，如古希腊演讲厅、法国沙龙或 18 世纪伦敦的咖啡馆。这个潮流最近又在许多讨论团队中出现，如受到《优涅读者》（*Utne Reader*）杂志启发的人，或者与物理学大师戴维·伯姆（David Bohm）研究深度会谈相关工作的人（请参阅附录 B）。

学问

如果你去问大多数人，他们大概都自认为擅长和邻居在后院聊天或在厨房餐桌旁聊天这种没有特定焦点的对话。这些对话虽然有趣又有用，但往往没什么焦点。话题常常天马行空，随着对话者的心情和灵感而变化。想象一下，如果对话流程经过引导，在半小时内焦点集中在一个主题上，那么会发生什么事？它蕴含了什么可能性？这就是焦点讨论法。

焦点讨论法

要增进更好的对话，方法有很多，其中之一是由 ICA 所发展的方法，属于参与的科技（Technology of Participation，ToP）的一部分。这种方法引导人们通过不同的反省阶段，以团队的方式反省他们的经验。许多教育领域和人际关系领域的顶尖研究者都曾表达人们需要这样的过程。哈佛大学教育哲学研究中心的霍尔（Howard）与巴尔顿（Barton）在共同撰写的《共同思考》（Thinking Together）一书中，曾经这样论述过他们所谓的"理性讨论"：

> 理性讨论是开放、聚焦、认真、协同的探索式对话，在此，你的对话是为了要听到他人。当陈述你的意见时，你邀请他人表达和你不同的看法。你聆听他们的不同观点并提出你自己的不同看法。除此之外，你不只和他人进行意见上的交流，你更是改变自己的观点。你用试验性的词语表达你的观点，目的是检验你的想法并让你的理解更成熟。
>
> ——霍尔与巴尔顿合著的《共同思考》一书，第 20 页

这些关于有效讨论的研究成果，进一步说明了焦点讨论法如何帮助对话者之间的相互连接。此方法还包含了一系列步骤，将对话引导到更深的境界。

四个层次的流程

ICA 的焦点讨论法可以帮助人们共同反省任何主题。它可以帮助化解办公室的纷争，发展更强的营销策略，在朋友的庆生会上分享感言，或者讨论一场电影。这是一个相当简单的流程，包含四个层次。讨论时，由一位带领者/引导者提出一系列问题，引导大家提出看法，带领大家从表层进入，深度讨论该主题对生命与工作的意义和影响。

提问在许多专业领域里都是充满力量的工具。本书中也提到给答案远比提出

好问题简单。在苏格拉底运用他的招牌苏格拉底式问话之前，许多智者就已经尝试努力让人们避开简单的答案，以及引导他们探寻更有力的问题。有些人的确抗拒问题、不喜欢回答问题，认为提出问题的人"好管闲事"。苏格拉底本人就因为问太多颠覆性的问题而被迫喝下毒药。当面对这种对话的方法时，有些人会说："你是不可能让人回答这些问题的，这会让他们觉得好像又回到了学校一样！"也有些人会说："你为什么不告诉我们主题，然后让大家自由讨论？"在第 1 章里，我们列举了一些为什么不这样做的原因。缺乏引导的对话有离题的倾向，如同放牛吃草往往没有任何结果。

焦点讨论法运用四个层次的问题。

1．客观性层次（The Objective Level）——这个层次的问题问的是事实和外在的现实情况。

2．反映性层次（The Reflective Level）——这个层次的问题唤起对于客观数据立即出现的反应和内在的响应，有时候呈现为情绪、感觉、隐藏的形象，以及客观事实所带来的联想。每当我们遇到外在的现实情况（数据/客观事物）时，我们就会体会到内在的反应。

3．诠释性层次（The Interpretive Level）——这个层次的问题寻找的是意义、价值、重要性及含义。

4．决定性层次（The Decisional Level）——这个层次的问题想要找出决议，让对话画下句点，促使团队对未来下定决心。

较为客观和与印象相关的问题最先被提出。这些问题基本上是："资料是什么？"接下来，反映性问题唤起个人的响应、感觉或联想。诠释性问题鼓励大家挖掘得更深入，寻找洞见、学习、意义的模式。决定性问题则是唤起"所以呢？"的回应，让大家找出隐含的影响、决策以及下一步要怎么做。

这四个反省的层次形成一个模型或模式，无数种讨论可以从中形成。后续几章将更详细地说明此方法，我们接下来先分享在几个常见的情境里，这种方法会展现出什么样的风貌。

如果政府机构运用焦点讨论法

如果国会议员齐聚一堂，运用焦点讨论法进行对话，那会发生什么事？如果

学 问

议会分成 8 人小组或 10 人小组，每组由一位经验丰富的引导者带领，对法案进行焦点讨论，又会发生什么事？想象使用以下的顺序提问，这时对话会如何进行？国会议员对下列假想的问题会有什么样的响应？

客观性问题

1．这个法案中写了哪些内容？

2．这个法案提议了什么？

3．它不包含的提议是什么？

反映性问题

4．你对这个法案最初的反应是什么？

5．这个法案的哪部分让你想要欢呼？

6．哪部分让你感到气愤？

诠释性问题

7．这个法案真正的意图是什么？它的目标是什么？

8．法案这样拟定是否可以成就它要做到的事？

9．我们要建议法案做出什么样的改变？

决定性问题

10．这个法案应该有什么样的优先级？和其他正在讨论的法案相比，它有多重要？

11．我们针对这个法案有哪些建议？

12．请一位志愿者为我们读一下我们刚刚所做出的决定。请大家再确认一次，这是我们要提出的建议吗？

想象这样做会造成多大的不同！想象对于这个审议流程的变化，媒体会怎么响应。

公众集会

让我们换个角度，想一想那些办得很糟糕的公众集会或演讲。一个人站在台上对着台下的人讲话。讲完后，由台下的人提出几个问题让台上的人来回答。想象这种可能性：如果整个会议室的空间允许，让大家分成小组，在 15 分钟内运用以下这些事先准备好的问题讨论这次演讲的内容，那会如何？

客观性问题

1．就这次演讲，你记得哪些字眼或语句？

2．这次演讲中提到了哪些重要的观念或图像？

反映性问题

3．什么地方让你感到惊讶？

4．对这次演讲你觉得精彩的部分是……

诠释性问题

5．整个演讲在告诉我们什么？它是关于什么的？

6．这次演讲在你心中引发了哪些议题？

7．我们可以对这位演讲者或我们自己提出哪些更深入的问题？

决定性问题

8．对这些议题，我们能做些什么？能有什么样的行动？

9．我们接下来的第一步是什么？

接下来，如果我们可以让每一组将反省的成果与要做的下一步行动汇报给整个团队，参与的层次将完全不同，而且更能引发行动。

职场上的应用

职场是最有潜力改善对话质量的地方。每天出现的各种议题，提供了许多聚集想法、分享智慧或碰撞出新方法的机会。任何自诩学习型组织的组织，都会非常珍惜这样的讨论。焦点讨论法提供了一个工具，让组织内的智慧从各角落、各部门流动进来，而不是锁在特定几个所谓的"专家"的头脑中。与问题最直接相关的人才是实际上的专家，通常他们都能够直接处理好问题。

职场可运用焦点讨论法的地方非常多。在企业界，引导对话的艺术是在建立共识、解决问题、排除障碍、从事教练和研究工作、获取团队智慧、诠释各种数据时非常关键的技能。从运用焦点讨论法的组织的实践经验来看，对话的方法运用得越多，就越能发掘出新的运用机会。它可以被运用在考核工作绩效、协商合同、解决私人冲突上，也可以运用在处理办公室冲突、回顾业绩、评估某个项目、促成集体的决策，甚至庆祝生日或退休上。

学 问

准备某次会议的议程

情境设定：你正带领一个小组准备月度会议议程。

客观性问题

1．上次会议中，我们曾说哪些会议项目要在这一次会议中继续讨论？
2．还有哪些我们希望在这次会议中讨论的议题？

反映性问题

3．哪些议题你一看就觉得可以轻松处理？
4．哪些议题看起来会比较难以处理？

诠释性问题

5．这些议题当中哪些是这次会议必须处理的关键项目？
6．哪些议题是可以在别的地方讨论或用别的方式讨论的？
7．哪些议题需要先讨论而后才能讨论其他议题？
8．每个议题估计要花多长时间讨论？

决定性问题

9．议程如何安排才是最恰当的，以确保需要讨论的议题都被讨论到？
10．谁要主持会议？

答案没有对错

焦点讨论法并不是要教导什么特定的内容，它正如其名——只是一段对话。因此，没有对的答案或错的答案。引导者不会隐藏什么秘密，只是设计了一系列问题，借以带领大家进入该主题的深层讨论。也因此，所有的问题都是开放且不预设答案的，它们多以"如何""什么""哪些""为什么"开头。那些可以用简单的"是"或"不是"回答的问题，或者只有一个正确答案的问题，无法促成生动的对话。

优点

在职场运用此方法有许多优点：

- 在很多场合都适用。焦点讨论法适用于一群陌生人，也适用于熟识的同事；适合混合各种背景与年龄层的团队，也适合同质性高的团队。

第 2 章
纵览焦点讨论法

- 它提供了一个非常好的方式,让大家在足够长的一段时间里聚焦讨论某一主题,以做出方向性的决定。这样的聚焦节省了很多时间,同时在心理层面上也不会浪费过多的力气。
- 这个过程能转化政治角力与权力争夺,促使大家更有创造力,而不是更具批判性。
- 提供真诚聆听的空间,大家不需要大声叫喊或争取发言权就能被听见。
- 它能转变负面的思考。每个人的意见都会被接受,没有人会被解除参与的资格,也不怕意见从记录上抹去。
- 提供一种思考过程的架构,可预防讨论过于冗长或漫无目的。通过团队思考流程,节省开会的次数与时间。
- 让大家能够坦诚。大家知道自己的响应会和其他人一样受到尊重,因此会更自在地表达真实的想法和感受。能够诚实表达的体验往往让人放松、惊讶与耳目一新。

接下来的三章将详细解说实际引导焦点讨论法的艺术。

第 3 章
焦点讨论法的架构

首先让我注意到"体验你的经验"这句话的人,是在我的大学任教的一位艺术老师。几年后,我了解到"体验你的经验"意味着从生命中的所有事件琢磨出精神上的意义,让它具有精神层面的价值。当我试着静心冥想这句话时,我开始看到,如果无法有纪律地体验自己的经验、留心自己的生活,人们等于虚掷了生命中无法重来的每一刻。

——约瑟夫·马修(Joseph Mathews)的"体验你的经验"(Experiencing your experience)光盘,GOLDEN PATHWAY CD-ROM

注意!注意!
此时此刻!孩子们!
就是此时此刻!

——阿尔德斯·赫胥黎(Aldous Huxley,《美丽的新世界》作者)的《岛屿》(Island)一书

是自然的过程,也是生活的方法

本章要分析的四个层次并不是新的发明。它是单纯从感知、响应、判断到决定的一个自然流动的内在过程。举例来说,出租车司机踩油门的时候,注意到前方的黄色信号灯(客观性层次)。"天啊!"他惊呼(反映性层次)。他很快在心里计算了一下时间,评估自己在信号灯变成红色前穿越马路的概率(诠释性层次)。

然后，基于他的计算，他猛踩刹车，让车子很快停下（决定性层次）。这个四层次的方法依循的是人类心灵的自然流程，对这样的内在流程我们往往不会觉察到。当我们反省事件或经验时，大脑并非只登记一下资料，然后归档了事。我们会"品尝"，决定接受或放弃，并决定如何使用此信息。通过这个过程，我们为经验赋予了意义，也决定了我们的响应。

再举一个例子帮助大家了解。星期天下午，我在多伦多安大略湖畔的休闲专用道上骑单车。我轻松自在地骑着，发现休闲的人潮越来越密集，这是星期天下午湖边惯常的塞车时段。两位溜冰者的直排轮失控了，差点把我挤出了车道。带着小孩与老人的家庭非得站在路中央聊天。野餐族也来到车道上。为了躲避人群，我只得走走停停。挫折之下，我试着转向一条小道上，却仍被溜冰者冷不防从右侧超车而过。"真是够了！"

我一股怒气上涌，咆哮着说："这些人为什么不能靠着他们那一边走？"想不到前方又来了个青少年，把单车横在路中央检查他的轮胎，逼得我只好完全停下来。"打扰一下！"我说，"你能不能把路让开？"私底下我偷偷骂着："你是白痴吗？！"此时，我已经头顶冒烟，气到极点。

太阳高照，阳光在湖面上反射，如同湖里有无数钻石般闪闪发亮。游艇靠了过来，好像也想在这美丽的画面当中抢个镜头。小孩子快乐地舔着硕大的冰激凌。我对自己说："这是怎么回事？这些人为什么这么快乐？而我为什么对任何事情都那么生气？谁说这是我专用的单车道？整个世界都在这路上，我也不过是这个世界的一分子而已。这些人（一个个家庭、野餐的人、溜冰的人、小孩子、其他单车骑士）都很愉快地在做自己。不妨加入他们吧！"

忽然间我发现自己能放松下来了。只需跟随着自己的步调，让这一切自然发生，我还是可以享受这快乐的混乱感。我可以活在当下的真实生活中。

我内在四层次的自然反省能力，再度带我重新架构了自己在这个星期天下午的经验，让我能够与当下的情境融合在一起，而非不断地抗拒。

↳ 方法的根源

这个四层次的方法源自对人类内在过程更全面的了解。这些了解可追溯至萨

学 问

特（Jean Paul Sartre）、胡塞尔（Edmund Husserl）、祁克果（Søren Kierkegaard）等人。他们认识到当人类思考、反省或做决定时，会经过相当繁复的过程。就如沙因（Edgar Schein）所指出的，人类的神经系统同时是收集信息的系统、处理情绪的系统、创造意义的系统以及决定／执行的系统。[摘自沙因《过程咨询Ⅱ》（Process Consultation Part Ⅱ）一书第63页。] 我们观察到周遭发生的事、内在出现的反应并运用认知能力来理解这件事，最终从中发展出行动。每个层次都连接到这一连串的觉察与认知关系中，以消化处理生命中的体验。

↘ 生命的前提假设

掌握这种方法背后的前提假设是很重要的。首先，它假设我们是在摸得到、看得到、感觉得到的世界中找到生命的真相。我们是透过经验了解真相，而不是从学术性的抽象理论或虚拟的情境中了解真相。

其次，这种方法假设真实的感受和情绪是从这些经验中产生的，无论我们遇到的是什么经验。而从感受、情绪、联想所产生的内在资料与外在可观察的资料同样真实，因此在做决定的过程中也必须认真加以考虑。有时候，人们对反映性层次的问题有意见，认为这部分太过感性，而主张不应该要求他人分享私人的感受。但丹尼尔·戈尔曼（Daniel Coleman）在他的《情商》（Emotional Intelligence）一书中提醒我们，我们所需的教育中一个很大的部分是要重建"感受和情绪是身为人不可或缺的一部分"这个观念。

第三个前提假设是，意义并非只来自高峰经验或深奥的文学作品，而是来自生命中许多看来平凡的遭遇。意义是通过不断消化处理我们拥有的真实生活所得来的。

第四个前提假设是，在决定性层次中，进行对生命的洞察是为了将它投射到未来。如果我们不谈该行动及其对未来的影响，这些反省只会停留在内省过程中，永远无法连接真实的世界，充其量只是纸上谈兵罢了。

↘ 全系统的过程

这是一个整体的过程，运用了整个身体的感官、记忆、感受等以达到目的。

它运用了左脑与右脑、理性与感性，运用了身体能自主的感官推动这个流程，直到决定性层次。从这个角度来看，焦点讨论法是一套全系统的工具。借用苏珊·朗格（Susan Langer）的概念，此方法"将外在世界主观化，将内在世界客观化"。它赋予外在世界感受与意义，同时，将通常不外显的内在情绪与洞见浮现出来。

焦点讨论法关系图

这四个层次的关系可通过关系图予以说明。

此关系图依据后现代的思维，认为人与自我其实并非物体，而是由许多错综复杂的关系所组成的，四条直线代表这些关系。它是一个整体的图像，而非四个分隔的图像。想象它是一个动态的影片，从左至右增加对象进来。每个层次都建立在前一个层次的资料之上。这个图片是受祁克果的一句话所启发而画出的："自我是一套关系（四条线），在这些关系当中将自我连接至自我（第一个箭头），以愿力让自己做自己（第二个箭头），并透彻地将自己扎根在为自己定位的力量当中（第三个箭头）。"［摘自祁克果《致死的疾病》（The Sickness Unto Death）一书，第13~14页。］

运用此方法架构一段对话

焦点讨论法即以这四个层次为架构创造提出的问题，让团队深入对话。稍早提及的信号灯和骑单车的经验是个人的内在独白，但这样的个人经验假如通过有结构的方式进行，会是团队反省的大好题材。有人可能怀疑为什么自然的思考过程需要架构，而以引导对话的方式进行。针对这点，劳拉·斯宾塞（Laura Spencer）提出了她的看法：

学问

在大多数我们接受的教育与训练中，往往教导我们在"思考"的过程中走捷径，直接去评估和判断事物，如评论诗词、政治系统、某人的晋升潜力或问题的根源，而不先搜集可得的客观资料。我们也被教导情绪的反应与事情无关，应该予以避免或压抑。等到讨论过诠释性的想法后，我们往往就此打住，不去产生能导向行动的反应。[摘自劳拉·斯宾塞《参与致胜》(Winning through Participation) 一书，第48页。]

焦点讨论法应用人类意识的四个层次，将活动的范畴从个人对生命的反省转移到与人分享洞见。讨论聚焦在一个特定的主题之上，运用问题去理解情境中有形的方面、情绪的反应、对该主题的诠释，以及需要做出的决定。让我们更仔细地看看这四个层次。

↘ 客观性层次

字典将"客观"定义为心智以外、与外界相关的事物，或者去除感觉和意见的外显事实。"客观"包括数据、事实、外在现实，以及有人称为"D.O.D."(Directly Observable Data) 的可直接观察的资料。若省略客观性层次的对话，团队即无法确定彼此讨论的是同一件事。就如盲人摸象，盲人会错过将他们的不同观点拼凑起来的整体图像。

讨论时，往往从介绍讨论发生的背景开始，或者由某人开场，向大家说明为何会有这个讨论，以及为何它这么重要。如果该团队没听过这种方法，在介绍背景时，就必须简要地介绍一下这种方法。不必介绍太多，只要够让该团队愿意参与即可。

讨论时最先提出的几个问题要能呈现事实。这些问题通常与感官有关：你看到、听到、摸到、闻到、尝到的是什么？依主题的不同，会使用与主题有关的感官，常见的是视觉与听觉。然而，对一场盛宴的反省会问到与嗅觉、味觉相关的问题；讨论雕塑品时则少不了关于触觉或雕塑品表面触感的问题。适合提出什么问题，要看什么样的资料与讨论内容相关。有时需要回顾以前发生的事实，例如："约翰当时说了什么？"

因为客观性问题很容易回答，过于亢奋的引导者或经验老到的团队可能想轻轻带过或跳过这些问题，到后来才发现大家讨论的不是同一件事。但如果引导者有勇气在刚开始大家抗拒回答时仍坚定地提出客观性问题，则可将这股抗拒的动能转化为参与的力量。

总结：客观性层次

问题的焦点	资料、有关主题的"事实"、外在的现实情况
它对团队起的作用	确定每个人处理的是同样的资料并触及事实的各个层面
这些问题是关于……	感官层次：看到的、听到的、触摸到的……
关键问题	你看到了什么东西？哪些字眼或语句引人注意？发生了什么事
陷阱	提出封闭式问题、问题不够明确、焦点不清楚，以及因为认为"太琐碎"而跳过客观性层次的问题
如果忽略此步骤，那么……	团队讨论时无法拥有共享的画面，大家的意见听起来似乎毫无关联

↘ 反映性层次

接下来的反映性层次，让参与者与主题建立联系。在此层次提出的问题，通常与感受、心情、回忆或联想有关。这里所谓的联想，是指以"这让我想到……"开头的一连串思绪。这类内在的资料与客观的资料同样真实而重要。如果我正担心某件事，就要将它说出来。好的诠释与决定需要同时以外在和内在的资料为基础。

此层次认可每个人对任何情境都会有自己的反应。这样的反应可能是基于过去多年经验所获得的智慧，也可能是基于该情境所突然触动的特定记忆，或者当下的直觉反应。

在此层次中，参与者会被问到需要使用更多的情感能力才能回答的问题。他们被要求积极地反思一些过去仅被要求被动认知的层面。反映性层次的问题厘清大家对事情的感受，无论是喜欢、愤怒、兴奋、困惑、害怕、喜悦。反映性问题包括：这让你联想到什么？什么时候曾经处于类似的情况？哪部分让你感到惊

学 问

讶？哪部分让你感到喜悦？哪部分让你感到挣扎？

西方的哲学与心理学倾向于将内在反应的世界置于认知（Perception）和思考（Thought）之下。经验主义者将内在反应的世界视为认知的较弱版本；理性主义者则认为它是低等或退化的表现。然而，丹尼尔·戈尔曼却指出，高智商（智商衡量的只是理性智能）并无法保证成功或快乐，而情商能大幅度地影响我们个人的命运。[摘自丹尼尔·戈尔曼《情商》(Emotional Intelligence)一书，第36页。]

少了反映性问题，就无法分享隐藏在内心的景象、联想或情绪。跳过反映性问题，就无法唤起不可或缺的直觉、回忆、情绪和想象。没有机会处理这个层次时，某些参与者会感到挫败。他们可能觉得自己的感受被视为无关紧要。稍后，他们会将感觉放到会议以外的场合讲，然而在那样的场合里，没有特定的结构化方式来处理与运用这些感觉，所以讲了也不会产生实质的帮助。

总结：反映性层次

问题的焦点	参与者内心与资料产生的内在联系
它对团队起的作用	揭露最初的反应
这些问题是关于……	感受、心情、情绪的氛围、回忆或联想
关键问题	这让你联想到什么？它让你有什么感受？哪部分让你感到惊讶？哪部分让你感到高兴？哪部分让你感到挣扎
陷阱	将讨论限制在喜欢或不喜欢的二选一意见调查里
如果忽略此步骤，那么……	就忽略了直觉、记忆、情绪和想象的世界

诠释性层次

问题的第三个层次是诠释性层次。在此层次进行深度的探讨，目的是获得主题的意义。诠释性层次的响应是以客观的资料与从反映性层次得来的联想或感受为基础的。诠释性问题凸显出人们对情境与反应所赋予的意义和目的。这些问题邀请团队为这次事件创造意义或重要性。这个层次的提示字眼是"为什么"。诠释性问题帮助大家针对正在发生的事建构一个"故事"。价值观问题会在这个层次出现，例如："这反映出什么样的价值观？"

除非团队体验到客观性层次与反映性层次所能达成的动态，否则第三个层次的效果就会大打折扣。

此阶段可能需要最多的时间，因为这个层次的问题需要人更深层的反应（请参阅附录 A）。

总结：诠释性层次

问题的焦点	主题对于生命的意义
它对团队起的作用	让团队从资料中获得意义
这些问题是关于……	多层次的意义、目的、重要性、暗示、"故事"和价值观，思考各种可能、各种选择
关键问题	这里正在发生什么事？这与什么相关？这对我们来说有什么意义？这会如何影响我们的工作？我们从中学到了什么？我们获得的洞见是什么
陷阱	借由插入事先想好的意义来滥用资料、过度理性与抽象、评判响应的对错
如果忽略此步骤，那么……	团队没有机会为前两个层次赋予意义，没有更高度的思考以供下一步的决定

决定性层次

焦点讨论法的第四个层次是决定性层次，讨论的是含义与新的方向。在此，人们通过形成某种决定来结束这个讨论。此层次提出的问题，让大家能运用前几个层次的资料做出有意识的选择。答案可能是短期或长期的决定，可能牵涉行动或承诺。少了决定，对话几乎就是在浪费时间。

决定性问题也能让参与者通过为当下的情况取名字的方式，用自由意识选择自己和所处情况之间的关系。大家为事件或事物取的名字或标题，反映出他们对现况的选择。

总结：决定性层次

问题的焦点	决心、隐含的影响、新方向
它对团队起的作用	让这次谈话与未来产生关联
这些问题是关于……	共识、具体实践、行动
关键问题	我们的回应是什么？需要做出什么决定？接下来的步骤是什么
陷阱	团队尚未准备好前就强迫大家做决定，或者逃避推动团队做决定
如果忽略此步骤，那么……	前三个层次的响应就无法在真实生活中应用或测试

↘ 焦点讨论法的别名

多年来，焦点讨论法的名称不断改变。最初被称为艺术形态方法（Art Form Method），随后是讨论方法（Discussion Method）。有些人称它为基础讨论方法（Basic Conversation Method）或引导式讨论（Guided Conversation）。长期使用它的引导者直接用四个层次的名称并称其为 ORID 方法（O-R-I-D Method）。在本书内，我们将称它为焦点讨论法（Focused Conversation）。

第4章

引导一场焦点讨论

> **喔,我的灵魂,准备迎接陌生人的到来**
> **准备迎接这位知道如何提出问题的人**
> ——诗人艾略特(T.S. Elliot)的《岩石》(*The Rock*)
>
> **群体的智慧不会自然发生。方法是关键。**
> ——麦加·汉森(Mirja Hanson)《超越王子与商人之外》(*Beyond Prince and Merchant*)
> (由约翰·博百吉主编)(Ed. John Burbridge)

对话引导者的任务是释放团队中对某主题压抑已久的才华、智慧和经验,并引导大家得出一个经深思熟虑后的结论。

不过,团队对话并不是一件容易的事。它往往就像在汹涌湍急的水流中划独木舟,而不是在平静如波的河里顺流划船。每一次转弯,都有河流里露出的岩石威胁着要打翻这艘独木舟。总会有些人想要主导对话,让其他人没有机会表达。如果对话停滞不前,或者不断重复而了无新意,大家就会开始觉得无趣,甚至干脆走开。或者,明明对话进行得很顺利,忽然间有人会在船底丢一块大石头,撂下一句:"这种方法我们两年前就试过了,结果是彻底失败。"再不然,就是大家最后的结论过于简化,只能引人发笑或让人讥笑。

尽管危险重重,团队的讨论仍然非常值得。它在许多方面达成的效果会比一对一的对话要好得多。它可以有效地通过众人收集到资料,借集体的智慧在当下立即找出解决问题的对策,或者至少有足够的突破,让工作能交到任务小组手上去完成。

学问

如何依本书范例引导讨论

或许你会问："为什么这些焦点讨论需要被引导？对话不就是该让它自然发生吗？企图'带领'对话不就摧毁了随兴的成分，而让它毫无乐趣可言？"如果我们所有人都已经修炼到完人的境界，或许真是如此。但是，对大多数像我们一样还在学习路上的人而言，给予一些有技巧的指引往往会很有帮助。如果对话中的每个人都努力探索对话中的深层含义，如果大家不哗众取宠、争辩、装傻或自以为是，对话或许就不需要有人带领。经验告诉我们，如果有人事先思考过整个对话的过程、考虑过团队的情况，并且有阶段性地引导对话以获得结论，一般而言对话会进行得更为流畅。对话的引导者能引领团队穿越肤浅的琐事、暗潮汹涌的争辩或雾里看花的抽象讨论。能避开这些常见的陷阱的话，对话会进行得比较好，每位参与者也更能自由发挥，让资料以有次序的方式汇集累积。

那么，引导这种讨论的流程是什么？

1. 挑选适合的场地布置

负责任的引导者会事先检视会议空间的布置，选择适合的环境。理想的场地是能够让整个团队围坐一桌的场所。重要的是，长形桌或圆形桌让每个人有机会能做目光的接触。人员嘈杂的餐厅则不合适。确定你选的是对话不受干扰的地方，甚至可以把电话设定成"勿扰"状态。如果讨论中需要白板或夹纸板，就必须先准备好。如果要讨论的是一份文件，要先把文件复印好，放置在每个人的位置。现场所有的东西都必须传达出"这次讨论很重要"的信息。布置的方式也要如同好的餐厅一样，能够邀请人们进来。

2. 邀请

邀请大家找好自己的位置坐下。你坐在主席的位置，等候大家坐定。

3. 开场白

用事先想好的开场白迎接大家。如果大家还在说话，等大家说话自然告一个段落后再开始。这样的效果比大声叫"大家安静"好得多。通常在你说"让我们开始吧"之后，大家就会自然安静下来。然后再以开场白说明大家聚集在此的原因、主题，以及讨论该主题所需的背景信息。

4. 提出第一个问题

让大家都能回答第一个问题通常会对现场气氛产生破冰的效果。提出简单的问题，让每个人回答起来都不困难。如果最开始的问题是："当你看这份报告时，你最先注意到的是哪些句子？"你可以这样说："第一个问题从罗夫开始，大家按照座位的顺序轮流回答。罗夫，文件上哪些句子吸引你的注意？"等罗夫回答完后，目光看向下一位参与者，等候对方的响应。答案必须一个接着一个顺畅地轮转下去，而且应该简短。如果有人想要为博得喝彩而表演或开始发表长篇大论，就先劝阻他们。告诉他们待会儿有时间讨论大家对主题的响应和建议。如果发觉有人可能因为怕说错话而保持安静，你可以说："我们这次的讨论没有对或错的答案。"

回答客观性问题可能是讨论中最容易也最困难的部分。有的人认为分享这类明显的观察过于幼稚，他们想立刻跳过，以发表自己对该主题的意见，发表他们直觉上认为就该主题应该做的事，或者发表由该主题触发的想法。因此你可能必须在此帮助大家回答客观性问题。如果有人直接开始跳到抽象的反省，你可以重复一次问题或更清楚地说明你的问题。有时候你可以自己提供一个例子，例如："我还注意到有临时员工权益这部分。"

你可能需要提醒大家说话大声一点，让所有人都听得到。大家回答问题的时候可能是面对着你，也可能面向桌子中央，也就是象征共识的地方。但无论如何，每个人都需要听到所有的发言。

5. 提出后续的问题

向整个团队提出接下来的问题。提出第二个问题时，你可以说："从现在开始，任何人想说时都可以回答。"这表示大家不必再依顺序轮流发言，每个人都可以想说就说。

6. 如果离题，如何应对

参与者离题并不是纪律的问题。人的心智很容易就开始联想，因此很容易脱离主题。不过，因为你正在引导的是焦点讨论，保持焦点就是最基本的重点。当

学问

你察觉某个人的谈话开始离题时，要先肯定他们所说的话是很有见解或很重要的。然后，简单扼要地重述大家到目前为止对于问题所表达的响应。你可以重述一次你的问题，但也有可能离题的状况是在提醒你，团队已经准备好进入下一个问题了。

7. 如果答案过于冗长或抽象，如何应对

当有人给出一个冗长而抽象的答案时，你可以邀请对方举一个明确的例子。例如："班，你可不可以用另一种方式来说明？""班，你可不可以举出一个实际的例子让大家知道？"这样的引导让发言者的论点更清楚，也更符合现实情况。不去厘清模糊的陈述，对发言者或团队都不礼貌。此外，让发言者清楚地知道，你这么做是为了让大家了解他的看法。

8. 如果有人发生争执，如何应对

如果参与者之间发生争执，你可以提醒大家要尊重所有的观点，提醒大家每个人都有智慧，每个人都拥有拼图中的一部分，然后询问是否有其他的看法。当有人开始反驳发言者的观点时，引导者可立即请他先等一等，待发言者说完再表达他的想法。好的引导者知道用这个技巧时速度要快。等到第一个人说完后，即可邀请第二个人发表反对的意见。这样一来就不会有争吵。引导者让不同的看法并列出来，对每个答案一视同仁。之后再重复提出同样的问题，邀请其他人响应或进行下一个问题。

9. 如果有人对他人的发言过度反应，如何应对

每场讨论总会有两三个人绝不放过任何相左的意见。如果这样的干扰发生了，你可以试着这么响应："我了解你所说的，不过我看不出来这与现在正在问的问题有何关联。我清楚你不同意吉姆的看法。所以请告诉我们，你会如何回答这个问题。"让对方回答问题，然后继续提出下一个问题。

10. 结束讨论

带领讨论进入尾声，简单梳理一下大家的结论，并感谢大家的参与。你可以用类似本书范例中所示范的结语，也可以自己设计结语。如果你做了讨论的记录，就让大家知道你会怎么使用这份记录，也向大家保证想要记录的人都可以拿得到。

应铭记在心的提醒

除了以上所述的一般性做法，引导者还需要记住一些重点或价值观。这些价值观已经隐含在讨论方法之中，但在此仍需说明。

1. 讨论者没有东西要教

根据约翰·克洛普佛（John Kloepfer）的看法，提出问题的引导者的首要条件是具备开放的心态，或者如苏格拉底所称的"有学问的无知"。虽然引导者在方法上相当熟练，他仍以一种极度开放的心态承认自己的无知，愿意迎接对话中出现的一切。然而，虚假的讨论往往利用讨论的过程来证实既有的立场，缺少能真正浮现洞见所需的真诚开放态度。[摘自约翰·克洛普佛《形成性问题的艺术：促成自我发现的方式》（*The Art of Formative Questioning: A Way to Foster Self-Disclosure*）一书，第146页。]

这表示提出问题的人必须站在促进开放环境所需的"无知"位置。认为自己"已经知道答案"的引导者，无法引导开放的讨论。因此引导者的准备工作之一，就是培养一种想要真正了解团队可能知道什么的好奇心，而非希望他们找出符合引导者期望的"正确"答案。

担任教师或讲师、培训师的人已经养成"不介入会手痒"的习惯。他们被培训来纠正、强化或修改对方的言论。然而，焦点讨论并不是要教大家什么。它唯一可能的失败是在讨论完之后还不知道这个团队真正的想法、感受和需求。

当然，有时候引导者本身可能有些信息需要分享，这时候最好的方式是呈现。假设引导者是社区保健领域的专家，他可以在讨论的最开始时通过提出一些问题来了解团队所关心的和需要厘清的是什么，然后针对大家的需求调整自己的呈现内容。这是引导者首先进行焦点讨论，然后根据该团队的程度调整呈现内容的情况。呈现结束之后，或许可以再引导另一段对话，以讨论团队对呈现内容觉得哪里不清楚、什么最有用，或者讨论如何运用呈现中提出的原则解决团队实际面对的问题。类似上述结合呈现与讨论的情况，区分引导者和呈现者两种不同的角色就特别重要。如果无法让不同的人分别扮演这两种角色，呈现者就必须避免在引

学 问

导团队反省的过程中不知不觉地跳回专家的角色。

2. 团队的智慧

好的引导者信任团队的智慧。引导者假设团队所知道的多于单一参与者所知道的——包括他自己，除非有证据显示不是如此。听到所有的观点以后，更全面的图像就会浮现，如同钻石由许多切面构成。讨论的目的是汇集多方的智慧。

3. 抽象的问题带来抽象的答案

明确的问题可以部分或完全消除抽象的答案。我们都熟悉一句谚语："垃圾进，垃圾出。"问题与答案之间的关系也类似这样。如果引导者提出了模糊或抽象的问题，他就容易得到模糊或抽象的答案。明确的问题比较容易得到明确的答案。"我们需要什么才能沟通得更好？"这是个模糊的问题。注意它和以下明确的问题有何不同："好的沟通系统具备哪些要素？"具体的问题会得到较好的结果。举例来说，"你看到什么成效"比"你看到什么"要明确。

4. 这群人就是对的人

如果引导者无法信任团队，这种不信任感就会从细节中透露出来。引导者会在接受答案上有所迟疑，也不会花时间请参与者澄清模糊的答案。他会盲目地接受所有的答案，反正都不重要。或者引导者会匆促地走完这四个层次的讨论，只想快点结束，让他可以去和"聪明一点"的人讨论可以接受的答案。任何团队在被轻视或不被尊重时，都会很快察觉，之后他们再也不会真正信任这位引导者。

引导者必须信任团队，特别是不容易做到的时候更应如此。为了帮助自己做到这点，有一位引导者发明了一句祈祷语，在开始团队工作之前重复默念："此时此刻在这里的这群人就是最适合处理这个议题的团队。这个团队具备处理他们所面对的议题所需的智慧。他们正在对的时机处理正确的议题。"他觉得这样做对自己帮助很大。

5. 每个人的观点都有正当性

当参与者在讨论中发言时，我们假设他的陈述是有根据的，来自真实的生活体验。引导者不需要认同任何答案，但他需要了解，才能帮助团队看见各种不同观点并讨论这些观点。如果某位参与者的观点对他人来说很奇怪，那么这位参与者的经验中可能有很好的理由让其他人有这样的感受。毕竟我们是通过了解不同的观点与洞见来持续成长的，而要做到这一点往往需要放下我们对生命的既存观点。

虽然我们先假设每位参与者所说的都有其真实性，但同时要认识到单一意见并不等于整体。这就像每个人手中都握有拼图中的一片，唯有通过聆听和了解所有的看法，才能拼出整张图。过程中难免会因为无法了解彼此的观点与经验而出现冲突，但任何团队都有机会达到彼此了解。至于这样的了解是否正确且完整，则是见仁见智。对该团队而言，在当下所能达成的了解就是正确的智慧。就当时的他们来说那就是真相，尽管这个真相可能是暂时的。真相并不是固定在那里，坚定不移的，而是像一个动态的标靶、一个持续演变的概念。团队总是必须自行产生对自身事务的理解。

如果答案在道德伦理上是错的或引用的客观事实是错的，该怎么办？

有时候，参与者的答案可能背离伦理道德，或者引用错误的客观信息。例如，答案可能带有种族歧视、性别歧视、偏见或过于愤世嫉俗，或者在引用历史或地理位置时错得令人尴尬（也可能是某人想借此引起注意，把自己的议题纳入讨论流程）。如果答案中的客观事实错误，就必须仔细聆听回答时的音调。引导者不能让它就此过去，但响应的方式必须依据当时的情况而定。

引导者可问："你这样说的原因是什么？"或者你也可以说："这和我听过的不太一样，不过也有可能是我听错了。请你向我说明一下。"或者这样问："是什么样的经验让你提出这样的响应？"

重点是，过程中还要尊重参与者个人。同时，此人的发言也不能是整个讨论的焦点。因此，如果引导者认为整个团队可以承受这样的发言，就可以不理会这点，继续下去。不过，如果观察到团队因此非常不舒服，而且等着引导者做些什么，这时引导者就可以采用以上的几种做法。

> 重要的是，要确保引导者本身的议题不变成台面上的讨论。举例来说，如果该引导者一生都在对抗种族歧视，对于种族平等有很高的热情，因此把整个讨论带领到这个话题上，这就妄用了焦点讨论法。

6. 团队才是议题与讨论内容的主人

引导者扮演的是提出问题的角色，团队才是议题的主人。他们置身于讨论之中，而且会承受相关决定的后果。因此，他们拥有讨论的内容，对于他们的想法如何被运用也有切身的利害关系。有些管理者会忘记这一点。他们召集整个团队一起来讨论问题，然后带走会议的记录，之后不再与该团队提起此议题。自然而然，整个团队会认为他们的意见消失于某个黑箱作业当中。因此，让大家知道讨论之后他们的想法会有什么结果以及会如何被运用是很重要的。

7. 引导者的责任

仅仅依照计划好的问题来带领对话，并不代表引导者已经承担起展开对话的责任。只是照本宣科念出准备好的一系列问题，然后大家说什么就算什么，没有给予任何回应的话，对这个团队来说反而是帮倒忙，因为没有人喜欢被当成机器人。

引导者要做的不只是拟定讨论中要提出的问题，然后按下"自动驾驶键"而已。讨论要有成效，关键是在问题与答案之间做好取舍。讨论到一半时，你可能发现事先预备的问题并不太适用；或者可能发现某个层次的问题准备得不够，因而带不出足够的反省；或者提问的语气可能就现在的氛围来说太过正式。这种情况发生时，就要立刻做些反应，想些新问题，跳过某些问题或换一下问题的问法。这代表引导者要极度留心诠释团队的反应，并实时创造出所需的新问题，帮助团队发掘更深入的意义。

第 5 章

从头开始准备焦点讨论法的步骤

> 组织发展的关键在于团队互动和反省的质量。
> ——布莱恩·霍尔《价值移转》(*Values Shift*)

本书中的讨论范例已经写到可以使用的程度，而当中许多例子的确适合让你直接拿来运用。但如果书中预设的情境与你所面临的情境不同，你就需要做些调整以符合实际的团队与任务。然而，如果你想要带领的讨论在本书中没有涉及，那该怎么办？你就要从无到有，从头开始准备焦点讨论法。

高质量的讨论从用心做好准备工作开始。引导者需要花时间准备讨论。焦点讨论法要在有多年的实际运用经验之后，才有可能非常随兴地运用。但即使到了那个时候，最好的讨论通常仍是事先规划过的。事前的准备实际上能为会议省下时间，但这些准备工作必须按部就班，一步一步地完成。

第一步，判断你面对的情境适不适合运用焦点讨论法。如果不适合，那么团队共创法（Workshop）*、规划会议（Planning session）或建立模型的演练（Model-building Exercise）可能比较合适。例如，你面对的问题是员工对工作上即将发生的改变感到焦虑，那么直接进入规划的流程较为适宜。对于充满各种想法的团队，则需要团队共创法将所有的想法展现在团队面前，并从中理出头绪。

当你谨慎考虑过各种方法并得出焦点讨论法是最恰当的选择时，才应开始进行准备工作。本章将逐步说明准备工作的每个步骤，并在附录 I 中以表格的方式简要说明。

---

* Workshop 是指"团队共创法"，是 ICA 根据 O-R-I-D 原理所研发的一种共识方法。

学问

⬇ 准备的步骤

1. 聚焦讨论的焦点

聚焦讨论的焦点就是要找出目标。举例来说，营销经理拿到了一份刚出炉的、厚重的市场分析报告，想要和他的团队一起讨论。这份分析报告的确是大家要讨论的主题，但仅仅知道这些还不够。这位经理现在是通过模糊的显微镜观察讨论的主题，显微镜的焦距需要调整到聚焦清楚的程度。经过一番思考后，这位经理对自己说："啊！我知道了！我们需要讨论的是这份报告对我们公司最新型气垫船的价格结构有什么影响。"所以他请大家研读这份报告中关于气垫船的章节，之后他说："让我们来讨论一下从这份报告中我们对气垫船价格结构有什么新发现。"

要得到如此清晰的主题，需要有思考的时间。准备开展讨论的人必须结合主题和团队的需要。缺少了焦点，大家只能进行泛泛的讨论，无法知道到底发生了什么。经过几次类似的经历后，人们就会自然而然地避开这类会议。他们体验到这样的讨论是在白白浪费自己宝贵的时间，而不是将集体的创意运用在相关的议题上。人们可以分辨出什么样的讨论谈谈就算了，而什么样的讨论才是面对真正的议题。

2. 写下讨论的意向

许多有潜力获得丰富成果的讨论到最后一无所获，其原因是这些讨论像少了舵的船只，毫无目标地在原地打转。如果将引导者比喻为一位舵手，讨论的意向就是舵。好的讨论需要同时有好的引导者和聚焦的意向。思考意向时，从两个方面写下目标会很有帮助。

（1）理性目标：讨论之后所得到的实际成果。例如，讨论的理性目标可能是澄清某种误解、解决工作日程上的冲突或梳理出上一个年度工作中的学习。

（2）体验目的：引导者所期望的这个讨论过程对团队内在的影响。例如，引导者可能希望团队对某个项目重新建立自信，治愈过去的伤痛，或者重新开启沟通的大门。

引导者必须谨慎思考这些目标并记录下来。

3. 运用客观性问题确保讨论有一个具体的起点

如果讨论的目的是"促进更好的团队关系"，那么一开始就问大家有关团队精神的问题并不是一个明智的做法。较好的做法是从具体的问题开始,例如,"关于我们上星期的团队会议,你还记得什么?"这会促使大家回想真实的情境,而非某本书中所提到的理想价值判断。在分享完对上一次会议的看法后,大家就有了一个基础,可以开始谈及自己在团队合作上的感受。引导者接着可以问:"你注意到大家有什么样的情绪?""你注意到自己有什么样的情绪?"在诠释性层次可以问:"这表明我们团队合作的情况如何?""到目前为止,我们从共事的过程中学到了什么?"最后在决定性层次时,团队可以思考:"在未来我们可以采取哪些不同的做法?""实行这些新做法必须具备什么条件?"这样的讨论之所以能够流畅进行,是因为大家在一开始就分享了具体的团队经验。如果一开始就问"我们对团队合作知道些什么"的话,整个讨论就会有不同的结果。

聚焦的力量

有时候,精准的讨论焦点具有无与伦比的重要性。曾有某公司的部门主管请ICA帮忙找出讨论的焦点。当时是11月,因为这家公司之前有某个项目相当急迫,所以员工过去6个月的休假全都被取消了。

她说:"我没办法用开放式问题问大家'圣诞节该怎么过',因为我刚刚接到上级几乎无人性的要求,希望我们继续推动另一个耗时6个月的项目,这表示休假又必须再往后延。这种主题叫我怎么进行讨论?"

我们问她:"这个团队被允许可以讨论和做决定的事情是什么?真正的限制是什么?重点在于取消休假还是必须于某个特定日期之前完成这个项目?"

她说:"我们可以决定的是如何安排我们的时间,让这项目如期完成。"

找到这个焦点之后,她就可以回去告诉她的团队:"我刚刚收到高阶主管的指示,说我们必须在接下来的6个月继续加班,把另外一个项目完成。在今天的讨论里,我们要找出安排工作时间的最好方法,让我们在这件事情上能做出最人性化的决定。"于是他们针对这个焦点进行讨论。大家的决定是每天和周末都加班,以便能够在特别的节日休假。

学问

4. 进行头脑风暴以列出可以达成理性目标与体验目的的各种问题

在这个步骤里，不要预设框架，要写下所有可能与该主题相关的问题。

一开始，不需要按照 O-R-I-D 的顺序来写下问题。回顾一下主题、期望的理性目标、希望促成的体验目的，然后开始头脑风暴。想到什么就写什么，不用按照顺序。最好用铅笔写，因为有时候你会想擦掉重写。让创意自由流动。别删掉问题或太早将问题分类，因为这些都会干扰创意的节奏。你要做的是给自己一些时间，让这些问题浮现出来。

5. 选出你所需要的问题

你不需要用到刚刚列出的所有问题，它们的重要性各不相同。现在你必须选出里面最棒的问题。参考你的理性目标和体验目的，选出提供你所需信息的问题，然后淘汰其他问题。

接下来将问题抄写在如下标有 O-R-I-D 的表格中。建议你把问题写在小张的报事贴上，这样能够让你稍后更方便重新排列顺序。

客观性 （Objective）	反映性 （Reflective）	诠释性 （Interpretive）	决定性 （Decisional）

6．调整问题的顺序

在每个层次中，重新排列问题的先后顺序，让每个问题都能够流畅地连接到下一个。

7．在脑海中预演这段讨论的内容

检视这些问题，并向自己提问。感受这些问题给你的感觉，问问自己会如何回答，这会让你从参与者的角度思考这些问题。试着回答之后，你可能会说："我想改变这个问题，这不是我想要问的。"自行事先演练过后，你就能察觉出设计中较弱的方面是什么，并且在实际引导讨论前思考如何应对。有些问题可能使用更简单的方式措辞；有些时候需要准备多一些与某问题相关的子问题；有些问题的问法听起来可能太正式，需要调整。每次修改后，想象参与者会有什么样的感觉。

将写有这些问题的报事贴在四个层次的表格栏位中移动，以找到最好的顺序。想象这场讨论是个流动的过程，而不是一套步骤。调整每个问题，让问题得以连贯，让参与者体验无间隙的讨论，好像答案本身就是意识的流动。

每个层次要准备多少个问题

或许有人会问："我怎么知道每个层次需要提出多少个问题？"在刚刚的表格中，每个层次有四个空格，但这只是为了让表格看起来对称些而已。实际上，在不同的情况下，需求也不一样。一般而言，客观性层次需要多问一些问题，来搜集足以形成后面结论的抽样资料。之后的每个层次，都需要进行足够的探索，以获得足以进行下一个层次的信息。

更明确地说，焦点讨论的问题最少的数量是四个，每个层次至少一个。但就算简短的讨论，至少也需要两个反映性层次的问题——一个正面的和一个负面的，好让大家有机会抒发真实的感受。

听到诠释性的答案之后，可能需要追问几个子问题，好让大家的回答更具体或更深入。有时候你还需要对每个答案分别提出一系列 O-R-I-D 问题，就好像在焦点讨论中进行焦点讨论。当然，这需要特别的技巧。

准备两三个决定性层次的问题可能对你有帮助，但也要因讨论的目标而定。你可以准备第一个问题，帮助大家明确说出讨论到现在大家的

学 问

决定是什么；准备第二个问题，问下一步是什么；有时候还需要加上第三个问题："什么事情由谁来做？"

8. 谨慎准备自己的开场说明

开场说明具有以下部分或全部功能。

- **邀请参与**：让团队感受到他们受到邀请来参与这次的讨论。"欢迎大家。很高兴大家今天下午能抽空来参加这次会议。我们需要大家最棒的见解，好让我们能克服困难，把这份简介资料制作出来。"

- **点出焦点**：引导者点出这次讨论的焦点。"这次讨论的焦点是营销的议题，即如何将营销策略与公司简介中的产品说明联系起来。大家应该记得上星期五当我们研讨这份简介时，都认为产品说明的用词不够明确。"

- **提醒共识**：或许在开场的时候还必须提醒大家这次的讨论是与先前达成的某些共识有关。"大家应该都还记得我们在上星期的会议中决定这个星期一早上要做一次讨论，以便为产品简介的说明文字做最后的定稿。"

- **铺陈背景**：说明现在进行这次讨论的原因，吸引大家对于这次任务的关心，以及为何需要在此刻进行。"我想大家都看得出来，如果没办法把这些产品说明做得好一点，就没办法完成这份简介。"

- **先发制人，处理反对的声音**：事先说明理由，以避免那些反对现在进行讨论的声音。"我知道星期一早上不是讨论这个议题的最好时机，但我们最迟在今天下午就必须进行下一个阶段的产品简介工作了，对不对？"

开场白可以同时结合以上的功能。举例来说，要带领大家讨论团队的办公空间需求时，可以如此开场：

"我们之前都同意要谈一谈我们所需要的办公空间，好让我们在这个办公室内发挥更高的工作效率。我们要记得每个人的空间需求不尽相同，所以不需要对彼此说教。这次的会议当中，我们所要讨论出来的是我们对于办公空间的需求是什么，然后同心协力达成一个大家都能接受的决定。今天找出来的方案可能不是最完美的解答，但完美的境界往往也是遥不可及的。所以关键是找出我们都愿意接受的安排。那么，我们现在就开始讨论大家对办公空间的需求。荷西将在参与讨论的同时帮大家做记录。"

第一句话提醒大家曾经答应要讨论空间需求的问题。第二句话提醒大家每个人都不同，所以也会有不同的需求。再下一句话点出讨论的目的：找出每个人对空间的需求是什么。它也告诉大家讨论过后还需要更多的努力，以便能根据需求建立一个空间配置的模式。将目标设定为"大家都可以接受的决定"，可事先避免完美主义者出现。接下来的几句话邀请大家来参与。说明将有人在讨论中进行记录这件事，可以帮助大家感受到他们的发言会被认真对待。

有些引导者想将开场白轻轻带过，因为他们认为提出问题才是整件事情的核心。但是经过仔细思考才讲出来的开场白，能让引导者有机会赢得团队的支持，让大家更愿意参与讨论接下来的主题。

9. 谨慎准备结语

同样，将你想在结束时说的话写下来。这将帮助你为结尾做好准备，免于狼狈地找寻下台的方法。

结语是将所有细节收尾的好机会。因为这次的讨论可能解决了一些问题，但仍有其他问题尚未解决，不要假装这些问题不存在。你可以这样说："我猜大家都注意到了，刚刚我们并没有讨论到乔纳森和艾美所提出的问题。这些也是很重要的议题，所以我已经记下来了，我们可以将它们排在下周的员工会议中进行讨论。"

不要忘记肯定参与者的洞见。感谢大家抽空参与讨论，并且告诉大家会议结论的记录将通过什么方式在什么时间送到大家手中。

10. 就这次讨论、参与的团队及你自己进行反省

准备好讨论的每个环节以后，整体浏览一次，想想讨论会如何进行。确定问题彼此之间能够流畅衔接，不会有大的落差出现。在这个过程中，你可能想修改其中一两个问题的遣词用字，或者加上或删除其中一些问题。

再花点时间反省参与讨论的团队，想想他们最近有什么事情发生。问自己：他们需要什么样的引导风格来帮助他们讨论这个议题？反省一下你自己，想想你

学问

的偏好、你的焦虑、你的优点。等到讨论结束之后,再回顾整个讨论的过程。

焦点讨论法的准备步骤以表格的方式整理在附录 I 中供大家参考。

焦点讨论准备表提供了一个将你的想法化为理性目标与体验目的的书写格式。它也提供了让你写下开场白与结语,以及不同层次的问题的地方。"时间"那一列,让你能事先分配每个层次的讨论大约需要多少时间,以及估算出整场讨论需要多少时间。

焦点讨论准备表

理性目标　　　　　　　　　　　体验目的

开场白

客观性问题	反映性问题	诠释性问题	决定性问题
时间（分钟）			

结语

为什么我引导的讨论不顺利?我该如何改善它?

不可避免,当读者试用本书中的范例或创造自己的流程时,都会遇到一些困难。讨论可能岔题,可能崎岖不平,可能引起口舌之争,或者讨论的热情枯竭,最后无疾而终。与其否定这样的体验，告诉自己"我不是做这类事情的料"，不如反省整个过程和发生的原因。这样的反省能将困难转化为学习的经验。

以下的表格汇集了众多引导者的丰富经验，它罗列了焦点讨论法中可能出错的状况。当然，这并不能涵盖所有沟通上的问题。因为每种情况有不同的参与者、不同的讨论焦点、不同的议题，所以每种都是独特的。建议你先在心里想象讨论发生的过程，并运用该表格把可能发生的问题思考清楚。

实践中常常碰到的问题	可能引起问题的原因	可能的解决方法
1. 团队不专注	场地混乱或座位安排不合理	重新安排讨论的空间，打造安静的环境，让大家都能坐下，并且可以看到彼此
	没有真正引起团队的注意	规划一段时间，让大家在开始聚集时能够轻松地寒暄，但要控制时间 有礼貌地提醒大家讨论即将开始 准时开始讨论，以鼓励大家用认真的态度看待此事
	背景铺陈不清楚	说明事情的背景时，要提供足够的信息，让大家知道为什么要开这次会议，以及即将运用什么讨论方法，让大家可以自在地参与
	讨论的主题和参与者不相关	在事前规划时，要找超过一个参与者咨询意见，以更了解大家的需求
2. 大家对于所提的问题没有反应	参与者与引导者之间的关系薄弱，或者大家不信任引导者	以温暖、尊重的风格陈述开场白 与参与者有眼神接触，并且真诚聆听 开场铺陈背景资料时，说明身为引导者的你，任务是引发团队最棒的想法，而且你自己没有预设的答案 开始时先进行自我介绍，询问每个人的姓名以及希望在讨论中得到什么，然后请大家赋予你引导的权限

续表

实践中常常碰到的问题	可能引起问题的原因	可能的解决方法
3．大家回答问题的答案不对	身为引导者的你已有预设立场——你认为该问题有一个正确的答案	提醒自己扮演的是中立的引导者角色，目的是引出团队的智慧 改变角色——不再提问，改做呈现
	问题的顺序不对	审视问题的层次。跟大家说："等一下，让我先问这个问题。"然后以其他问题取代 将该问题的用语改得更清楚，让答案的层次更聚焦
	问题不够清楚或没有焦点	在大家相信你是真的想知道他们的答案的前提下，你或许可以先就你所提出的问题给出一个答案的范例，让他们知道答案大约是什么样子的
4．大家回答的并非真实具体的答案	参与者对这次的讨论没有安全感；这个团队还没准备好要参与	先试试较不严肃的话题，直到大家相信他们的意见会被认真看待，或者直到他们愿为这次讨论的结果负起责任
	问题不够明确	事先测试问题，想象参与者会如何回答
	参与者心目中另有想法（也可以参考前面第2点的说明）	提出明确一点的问题，让这些隐藏在台面下的意见有机会浮现出来
5．某些参与者主导了整个对话	或许他们不觉得自己的观点被听到（这是有可能的，尽管他们的行为让大家很难相信是这个原因）	认真倾听，展现你已经"听到"他们的想法了，例如，记录他们的想法、积极倾听，然后以尊重的态度打断他："我想我们知道你的重点了。待会儿休息时我们可以再讨论。其他人呢？你们还有哪些想法？"
	负责这次会议成果的"主管"不信任团队的智慧	请"主管"到旁边，确认他在担忧什么。让他知道自己有什么选择，以及过度主导讨论的后果。在之后的讨论过程中讨论到他担忧的部分

第 5 章
从头开始准备焦点讨论法的步骤

续表

实践中常常碰到的问题	可能引起问题的原因	可能的解决方法
5．某些参与者主导了整个对话	讨论的风格可能太开放	提出其中几个问题，让全体都发言，并提醒每个发言者要简短响应
	安静的人和喜爱发表意见的人的人数比例不平衡	运用分组方式，将安静的人和喜爱发表意见的人混合在一起进行小组讨论，然后请小组向全体分享讨论成果
6．讨论离题太远	大家想要逃离这个主题或逃避责任	运用 O-R-I-D 四个层次的问题和团队共同反省现在正在发生什么情况
	主题没有焦点或被认为无关紧要	以尊重而坚定的态度将大家引回正题重新聚焦背景资料和问题的焦点（可参考第 1 点：团队不专注）
	引导者太容易被牵着鼻子走	提醒自己引导的工作不是要讨人欢心，而是帮助团队处理他们所关心的议题（可参考第 1 点：团队不专注）
7．无法得到有用的成果	团队认为这个主题与他们无关	请参考第 1 点：团队不专注
	主题太大、太复杂，无法在一次讨论中适当处理	针对此主题的不同层面设计数场讨论
	提出的问题无法得到有用的信息	检视准备的问题。从最终期望的成果往回推算，以了解每个层次所需得到的资料是什么
8．爆发争执	没有建立起尊重彼此意见的氛围，或者大家不清楚如何聆听彼此	建立大家对事实拥有多重观点的强烈印象："我们每个人看到的是钻石许多面当中的一面。" 以尊重的态度介入。先让第一位发言的人说完，然后提问："你们对这件事情还有哪些看法？"然后邀请其他人响应 询问："在这些彼此互相冲突的响应中，有哪些潜在的模式？"

续表

实践中常常碰到的问题	可能引起问题的原因	可能的解决方法
8. 爆发争执	引导者出现偏颇的态度	检视自己是否全面接收到所有的答案,并推动这些答案达成共识。提醒自己:"我很好奇。"
9. 团队挑战引导者	引导者让人感觉不够自信	从一开始就让大家知道,你使用的是一种经过详细规划的方法,你不会强迫大家回答
	引导者传达的信息让人觉得混淆了专家和提问者两种角色	检视自己所提出的问题,确保它们是开放式问题
	大家对引导者的力量太敏感	运用 O-R-I-D 帮助大家一起反省在这件事情当中学到什么 运用 O-R-I-D 探索自己在这件事情当中学到什么 向团队提议自己可以先离开讨论现场,并说明可能发生的后果,正负面均要提及

第 2 部分
100个讨论范例

单元 A
有关评估与回顾的讨论

> 我们的时间永远不够。每一个我们所拜访过的组织谈起时间时,就如同在谈论一个无法战胜的敌人。我们不断向前跑,就像金霸王电池广告中那只永不停止的兔子。我们需要创造空间去学习,去审视自己的假设,如此才能成长。反省并不需要投入很长的时间来进行,但能够带来很大的回报。
>
> ——比尔登(Belden)、海尔特(Hyatt)与艾克立(Ackley)的《学习型组织》(*The Learning Organization*)

> 企业界需要的是反省,而非制订更多的计划,也无须制定更多的策略,只需更多的反省。
>
> ——柯斯达(John Dalla Costa)的《商业的冥想》(*Meditations on Business*)

这一单元的讨论主题与"过去"有关,如过去的事件、过去的几年、前一天、这个团队刚参加过的演示会议或工作坊等。在对话中,大家回顾过去时光或事件、评估过去所创造的成果,或者分析、评价组织内部的某项计划。你将在此单元内找到以下讨论主题。

A1. 回顾过去的一年	A2. 回顾一场工作坊
A3. 回顾一场由顾问做的演示	A4. 回顾一场规划会议
A5. 回顾当日的工作	A6. 回顾组织的历史
A7. 评估一个研修班	A8. 评估一个课程计划
A9. 评估项目进度	A10. 分析一个滞销的产品
A11. 评估一份营销资料	A12. 回顾一份重要的报告

单元 A
有关评估与回顾的讨论

A13．评估一个员工福利方案　　A14．评估一场贸易展
A15．评估一个新的工作表格

这些讨论主题比起本书其他单元的讨论主题容易许多。因为是在回顾过去，客观资料较为充裕，而这种情况在其他类的讨论主题中是比较少见的。这类讨论旨在回顾过去事件对现在的影响，以及发现它对于未来的影响力。

许多这类的讨论属于事后的反省。有些人认为过去的就过去了，无关紧要。然而，事后反省几乎都是非常棒的学习契机。短短两分钟的反省所带来的价值远远超过你的时间成本。

一般来说，对事件的反省必须简短，而非冗长，步调要快。如果整个团队刚刚完成漫长的讨论，以为又要再花很长的一段时间来开另外一场会议进行反省，那么团队可能选择离去或拒绝参与。如果真的需要长一点的时间进行反省，可以先让大家休息片刻再开始。若大家急着离开，可用短短三分钟完成反省讨论的过程，每个层次仅问一个问题。若大家看来心情轻松，就可以再多花点时间。

反省讨论最好的时机是在事件刚结束时，因为参与这类的讨论必须依赖对事件的即时记忆。然而，这样的反省通常会被第一印象所主导。参与者要么仍然陶醉在温馨之中，要么讨厌到极点。经过一段时间之后再进行反省，可能记得的细节不多，但会有较多平衡的观点，更能专注于诠释的层次。

以评估为目的的讨论与回顾反省类似，但讨论的目的比较务实。它的预期结果是要知道受评估的项目能否通过检验，能否满足组织的目标与理念。例如"评估一份营销资料"或"分析一个滞销的产品"，其目的都是要启动一个流程，而非结束一个流程。它将促成大家共同分析或评估的第一步。接下来某个任务小组或工作团队可能必须带着大家讨论出来的见解，进一步厘清讨论中的某些特定含义。

有些讨论需要花 15~20 分钟，有些要 30 分钟。"回顾一份重要的报告"的讨论可能会长达两小时。如果时间有限，可以减少提出的问题，但要确保在 O-R-I-D 的每个层次中都运用至少一个问题。

学问

A1 回顾过去的一年

→ **情境**

你的组织、部门或团队的工作已接近尾声。工作成员正准备根据今年的绩效表现来修正明年的计划。你们想一同回顾过去一年的历程,包含高峰和低谷。

▲ **理性目标**

总结过去这一年的工作心得,并将它运用在未来的一年里。

▲ **体验目的**

欣赏、肯定这一年的历程与团队的学习。

→ **提示**

根据你的团队特点增加或删减"收集信息"类的问题。例如,若是董事会,可着重于其绩效表现与扮演的角色;若是工作团队,可包含更多团队合作的情况。

→ **其他可应用的情境**

董事会、团队、部门、组织、个人等针对一段特定时间的反省。

↘ **讨论内容**

开场说明

在我们做明年的计划之前,一起来回顾一下过去的一年,这对我们会很有帮助。(回顾你手上现有的任何客观资料,如财务数据、与销售或服务相关的统计数据、与顾客或员工相关的资料等。)

客观性问题

- 过去一年对你来说有哪些主要的事件或活动发生?(请在座每个人依序回答。)
- 我们推行了哪些比较大的项目?推行了哪些比较小的项目?

- 你还记得哪些事件或活动，可能是重要的对话、讨论或做出的决策？
- 有哪些事件或活动你希望听到多一些说明？

反映性问题

- 描述这一年的变化，这一年对我们来说像什么？像地震、一头熊、一只松鼠、一棵仙人掌，还是什么其他的比喻？
- 这一年当中有哪些出乎我们意料的事？
- 什么时候让你感受到挫折？
- 什么事情为你带来了大的改变，改变了你的想法或感受？
- 到目前为止所提到的事件或活动，哪些是你本来已经遗忘了的？

诠释性问题

- 我们从进行顺利的事情当中学到了什么？
- 我们从逆境的挣扎当中学到了什么？
- 在我们回顾了这一切之后，你会如何描述我们这一年来的成就？

决定性问题

- 这一年的经验和学习会如何影响我们明年的计划？
- 从我们刚刚的讨论中显示出我们要有哪些不同的做法？

结语

我们对过去一年做了一个很好的回顾。我得到了一些新的领悟，我相信在座各位也一样。我会将今天的学习及讨论的其他部分用电子版记录下来发给每个人。

A2 回顾一场工作坊*

→ **情境**
在一场工作坊的尾声,引导者希望大家简要地回顾一下自己对于这场工作坊的收获。

▲ **理性目标**
厘清工作坊对于本团队的影响。

▲ **体验目的**
庆祝工作已完成并体验它的重要性。

→ **提示**
这个反省必须简短,只需 10~12 分钟的时间。如果活动结束时还要接着进行一个较长时间的反省,先让大家休息一下,回来再继续进行。

→ **其他可应用的情境**
可以运用类似问题反省任何一种团队活动。

讨论内容

开场说明
让我们来回顾一下今天工作坊的过程。

客观性问题
- 我们在工作坊中做了哪些事情?
- 在各组的报告中,你听到了哪些字或词?

---

* 工作坊(Workshop)是指邀请众人一起参与以创造出成果的会议或活动,而非如宣讲会或说明会等不提供参与机会的会议或活动。

反映性问题

- 对你来说,今天的高峰是什么?
- 今天低谷是什么?
- 我们感到最吃力的是哪些部分?

诠释性问题

- 今天的转折点在哪里?
- 这场工作坊带给我们哪些新的优势?

决定性问题

- 为了实践今天的成果,我们的下一步是什么?

结语

这场工作坊是我们的历程中重要的一步。

A3 回顾一场由顾问做的演示

→ 情境
这个团队刚刚听完一场由顾问做的演示，团队领导者想要对这场演示进行一次讨论。他深知在演示后，特别是涵盖了这么丰富的资料时，后续更深入的讨论是很重要的。每个人都会记得某些部分，同时忽略了其他部分。唯有和整个团队分享每个人的观察，才能浮现出较完整且平衡的回应。

▲ 理性目标
让每个人在同一个时空下获得对该演示所分享的经验。

▲ 体验目的
发现该演示如何激发了团队，或者改变了团队对于各种可能性的看法。

→ 提示
这类反省在演示结束后越快进行效果越好。

→ 其他可应用的情境
可以运用类似问题讨论书里面的某个章节。

↳ 讨论内容

开场说明

让我们花几分钟时间来反省一下我们刚刚听到的演示内容。

客观性问题

- 你记得哪些内容？
- 哪些字、词、影像到现在还停留在你脑海中？
- 内容涵盖了哪些主题？
- 你注意到哪些信息？

▶ 单元 A
有关评估与回顾的讨论

反映性问题

- 哪些内容让你感到好奇或兴奋？
- 你听到什么让你觉得不想再听了？
- 哪些内容让你觉得有挑战性？
- 演示者在哪个地方显得有活力？
- 在哪个部分演示者显得特别严肃？
- 演示结束时，你有什么感受？
- 这场演示哪里触发了你的想象或联想？

诠释性问题

- 今天的演示与什么有关？
- 演示中传达了哪些重点？
- 它如何挑战或肯定我们原来的工作方式？
- 如果让你为这个演示重新命名，你会取什么名称？

决定性问题

- 演示内容对谁的工作影响最大？
- 我们能做些什么，以便将顾问的某些提议导入我们的部门？
- 那样会牵涉哪些事情？
- 接下来的第一步是什么？
- 谁会负责这些行动？

结语

今天的讨论很棒。我们将快速地将今天讨论的结论付诸实施。很期待看到这些想法付诸实施后的成果。

学 问

A4 回顾一场规划会议

→ **情境**
你刚刚参加完一场漫长的规划会议。团队的领导者邀请大家花一点时间来反省整个过程。

▲ **理性目标**
说出这场会议对于他们生活的影响。

▲ **体验目的**
从会议所规划出的未来获得一些心得。

→ **提示**
团队活动结束时所做的反省讨论节奏要快。也许在每个层级中都只问一个问题即可。

→ **其他可应用的情境**
这类反省对于任何学习型的团队都是很重要的，而且能运用在任何活动之后。由于团队在当时有可能已经很疲累，因此要用较轻快的风格来引导。

↘ 讨论内容

开场说明

任何团队活动，如我们刚刚开完的这场很棒的规划会议，都包含了预先的准备阶段、实际的会议进行阶段以及活动后的反省阶段。有时候，反而是反省的过程让活动意义深远。通常在活动一结束大家就想离开，如果我们可以多留下来10~15分钟，就能带走更多的收获。

客观性问题

- 你记得规划的哪些内容？
- 会议中还发生了什么事？

- 如果你是一位记者，你会如何用一句话报道这个过程所发生的事？

反映性问题

- 在过程中，什么时候让你感到兴奋？
- 在过程中，什么时候让你感到挫折？
- 最让你惊讶的是什么？
- 规划过程中，让我们感到挣扎的是什么？

诠释性问题

- 什么是这个规划过程中的关键要素？
- 这个规划的过程把我们放进了哪些不同的情境？
- 经过这样的规划过程，你个人觉得自己有什么不同？

决定性问题

- 如果要为这次共度的时光取一个名字，我们会叫它什么？
- 我们提议哪些接下来的行动？

结语

像今天这样的反省可以让我们生命中的事件更加特别而有意义。感谢各位留下来共同完成这次反省。

学问

A5 回顾当日的工作

→ **情境**

在一整天一起从事某个项目的工作后,团队可以用几分钟时间反省一下一天中所发生的事。这个对话可以持续 2 分钟,也可以持续 25 分钟,视当下大家的心情如何以及时间有多充裕而定。

▲ **理性目标**

让大家针对这一天的过程,达成共同的理解。

▲ **体验目的**

庆祝今天的成就。

→ **提示**

这个谈话的步调要快,且要先经过团队的同意才能开始进行。站起来跟大家说:"各位,我们何不用两三分钟时间来反省一下今天的工作?"然后直接提出第一个问题。然后邀请一两位先回答,让谈话顺利开始。

→ **其他可应用的情境**

回顾上一周、上个月或上一季。你可以独自进行这样的回顾或跟团队成员一起进行。

讨论内容

开场说明

既然我们已经结束工作了,让我们用几分钟时间来反省一下我们今天的工作。

客观性问题

- 关于今天的工作,我们记得些什么,如情境、事件或对话?
- 哪些话语还在我们耳边回荡?
- 我们完成了什么?

> 单元 A
> 有关评估与回顾的讨论

反映性问题

- 什么画面可以描述你今天的情绪?
- 今天的高峰是什么?
- 今天的低谷是什么?

诠释性问题

- 我们今天学到了什么?
- 今天的一个重要领悟是什么?

决定性问题

- 我们会如何命名我们共度的这一天?(试着用一个富有诗意的名称来描述你的感受。)
- 有哪些未完成的任务需要我们明天继续努力?

结语

这个对话是我们庆祝今天一天的最好方法,也让我们为今天画下一个完整的句点。谢谢各位多贡献了这些时间。

学问

A6 回顾组织的历史

→ 情境
在董事会、主管或部门的成员开始做长期规划前,回顾组织过去的历史是很有帮助的。当团队思考未来的方向时,这个讨论有助于把过去的经验运用到眼前的规划上。

▲ 理性目标
就过去的历史展开对话,运用其中学习到的经验作为走向未来的跳板。

▲ 体验目的
让团队成员感到自己是更大整体的一部分,并治疗过去的伤痛。

→ 提示
当提出关于事件、成就或精彩事迹的问题时,可请资深成员多描述组织早期的情境,有助于传递各个年代的资料信息。

→ 其他可应用的情境
只要稍做调整,这个对话就可以运用在国家(通过电子网络)、社区、家庭或夫妻的周年庆之中。

↘ 讨论内容

开场说明

在开始规划之前,让我们先花几分钟来回顾组织的历史。我们当中有些人在这里已经很多年了,有些人则没那么久。我们都拥有在这个组织的生命历程当中一些重要事件的回忆。

客观性问题
- 在这个组织当中,过去 20 年来有哪些事件或成就?(引导者可将事件与其发生的年份记录在一条时间线上。)

▶ 单元 A
有关评估与回顾的讨论

反映性问题

- 对你来说，这个组织的发展历程中曾有哪些高峰？
- 你和这些高峰点的关联是什么？
- 哪些时刻是低谷？
- 关于这些低谷点，你还记得什么？

诠释性问题

- 若要你把过去 20 年分成三部分，你会在哪里分段？
- 你会为这三个时期起什么样的标题？
- 从这 20 年的旅程中我们学到什么？

决定性问题

- 从我们的历史看来，我们当前处于什么样的位置？我们未来要往哪里发展？

结语

过去的成就告诉我们，我们可以拥有很棒的未来。

学 问

A7 评估一个研修班

→ **情境**

一个团队一起参加了两天的研修班，要花一些时间去评估它。

▲ **理性目标**

帮助团队客观地看待从研修班中得到的益处。

▲ **体验目的**

肯定团队在研修班中的努力，并决定如何运用新的学习成果。

→ **提示**

有时候如果团队对于某个问题的响应缓慢，可以请在场每一位成员依序回答该问题。当你问出一个问题后，得到的回答却是一片静默时，你也许需要改变你问题的用词，然后再问一次。若是还没有响应，可请某些人回答，但不要让它变成一种标准做法。重要的是清楚哪些问题是非常重要且非回答不可的。

→ **其他可应用的情境**

也可以用这样的讨论来评估教科书或技术手册。

↘ 讨论内容

开场说明

我们已经一起参加过两天的研修班，现在让我们花些时间来反省一下我们对于这个研修班的体验。我们讨论一下学到了什么，以及我们如何运用这些学习心得。如此一来我们就能决定其他人是否也需要来参加。

客观性问题

- 你当初参加研修班的原因是什么？
- 对你来说研修班中有什么主要内容？

> 单元 A
> 有关评估与回顾的讨论

- 有哪些部分你非常清楚?
- 哪些部分不清楚?

反映性问题

- 这个研修班中你喜欢的是什么,不喜欢的是什么?
- 课程中的亮点是什么?
- 课程中的不足又是什么?
- 课程中让你最难跟上的部分是哪里?
- 你在哪个地方取得突破?

诠释性问题

- 对你而言,这个研修班的好处是什么? 对其他人的好处是什么?
- 这个研修班符合了你的哪些期待?
- 你会如何运用研修班中学到的东西?

决定性问题

- 什么样的后续追踪能够帮助你更有效地运用研修班所学?
- 还有谁应该要来参加这个研修班?

结语

从各位的谈话内容听来,这个课程似乎是个有价值的学习过程。我会去建议那些你们所提到的同事来参加这个课程,谢谢你们。

A8 评估一个课程计划

→ **情境**

课程撰写小组已经就"客户关系"这个主题提出新的课程草案。他们需要得到同事的反馈,因此召开会议讨论这个主题,由你来引导讨论。

▲ **理性目标**

厘清课程的优缺点,以提供改善的基础。

▲ **体验目的**

让课程撰写小组感到所做的事有价值,其他同事有参与感。

→ **提示**

留意那些冗长的回答,若有与会者想来个长篇大论,可建议他们把想法写下来交给撰写小组。让讨论轻快地进行,最后的决定性问题的答案才是撰写小组最需要的。

→ **其他可应用的情境**

对一个模式或计划进行评估。

讨论内容

开场说明

课程小组已就客户关系课程的基本要点设计出第一版的课程草案,让我们花几分钟时间仔细阅读一下他们提出来的内容,接着再一起讨论。

客观性问题

- 在读的过程中,有哪些字、词或标题映入你的眼帘?
- 课程中的哪些部分你记得最清楚?
- 除此之外,课程中还有哪些部分?

▶ 单元 A
有关评估与回顾的讨论

反映性问题

- 课程中的哪个部分最吸引你?
- 课程中特别强调哪些主要价值?
- 课程的哪些部分让你感到担心?

诠释性问题

- 参与者可以借由这个课程学到什么?
- 有哪些目前课程内容中没有涵盖到的主题,是你希望参与者能在课程中体验或发现的?
- 学员上过这个课程之后,会有什么不同?
- 要讲授这堂课程的话,你会面临什么挑战?

决定性问题

- 你想对课程撰写小组提出什么建议?
- 课程中你会加入哪些其他有价值的内容?
- 你还会加入其他哪些信息?
- 你建议做哪些调整?
- 你会在参考书目中加入哪些参考资料?
- 刚刚提到的建议中,有哪些是最应该优先采用的?
- 回想我们的讨论,接下来的步骤应该是什么?

结语

大家的讨论真的很棒,厘清了我们下一步该如何改善课程的思路。

A9 评估项目进度

→ **情境**

月度会议的第一个议程是要评估已进行数周的项目进度。项目中的每个小组都已送出小组的工作报告给每位与会者，每个人也都花时间看过这些报告并与原始的计划做过比较。

▲ **理性目标**

反思团队的状况，决定确保团队成功所需要做的调整。

▲ **体验目的**

对过去的工作负责，也得到未来进行的许可。

→ **提示**

有足够的时间让大家回答客观性问题，确保大家把焦点放在澄清客观性的资料上。避免用调查式的口吻询问为何某些事情做了或没做。要确定实际情况已经澄清后，再从讨论中得出结论或变更事情的优先级。

→ **其他可应用的情境**

对为期一年或六个月的行动计划做期中调整。

讨论内容

开场说明

我们的计划正进行到一个关键时刻，也就是要培训所有部门使用新的软件。我们需要反思一下到目前为止的进度。我期望各位已经检查过整个计划，也已经读过各小组的报告。今天我们要来反思一下这个月以来的进展，也要决定是否要修正计划，让它能持续走在正轨上并按时完成。

► 单元 A
有关评估与回顾的讨论

客观性问题

- 你在读报告时，哪些句子或要点引起你的注意？
- 报告中哪些部分写得很清楚？
- 哪些部分不清楚？
- 回想我们团队合作的情况，还有哪些信息需要分享出来？
- 把这些报告与原始的计划相比，有哪些部分进度超前？
- 有哪些部分进度落后？

反映性问题

- 报告中的哪些部分令你惊讶？
- 哪些部分工作进行得很顺利？
- 哪些部分在进行时比预期的还要困难？
- 哪些部分在进行时发生了始料未及的混乱？

诠释性问题

- 关键议题或主要的困难点是什么？
- 我们需要额外协助的有哪些部分？
- 我们需要什么协助？
- 全体团队要优先处理什么问题？
- 要让计划按部就班地进行或回归正轨，还需要做些什么？

决定性问题

- 我们对工作计划所建议的改变是什么？
- 我们在运作方式上要做的改变是什么？
- 下一步要做些什么？
- 谁需要来着手进行刚刚提到的这些工作？

结语

今天的讨论对我们了解整体情况与看清下一步的工作很有帮助。

A10 分析一个滞销的产品

→ **情境**
团队花了六个月的时间研发与测试新的饼干，以及试图掌握潜在客户的口味，然而产品不幸滞销。这个团队感到非常绝望。他们的主管要把产品退回到规划阶段。团队领导者决定进行一场讨论，试图找出问题的根源。（当然你也可以把"饼干"换成其他产品。）

▲ **理性目标**
通过分析出错的部分，找出解决的方法。

▲ **体验目的**
激发团队，让他们有勇气与决心进行下一次尝试。

→ **提示**
如果连团队领导者也处于放弃或绝望的情绪中时，就不适合进行这类讨论。领导者必须在走进会议室前就先处理好自己的情绪。这类讨论要避免有指责的意味在里面，讨论中的每一阶段都要把重点放在问题的起源以及补救的方法上面。一旦有人开始指责他人，就等于把创造力抛出了窗外。

→ **其他可应用的情境**
这类讨论对于分析组织中系统的过失也很有用。

↘ 讨论内容

开场说明

欢迎回到这个项目，这也是在市场测试过新饼干后我们的第一次聚会。我很高兴管理层仍然信任我们这个团队以及这个产品，愿意让我们再尝试一次。我们用讨论的方式开始我们的评估，作为我们了解问题的起点。

客观性问题

- 对于新饼干，人们曾经说了些什么？
- 他们对于颜色说了些什么？
- 对于味道说了些什么？
- 对于包装说了些什么？
- 对于饼干成分的意见又是什么？
- 我们还听到哪些其他评论？
- 你个人对新饼干的印象是什么？
- 从市场测试中，我们还得到哪些反馈或统计数据？

反映性问题

- 人们喜欢新饼干的什么？
- 他们不喜欢新饼干的什么？
- 你自己对于这次营销活动的直觉感受为何？

诠释性问题

- 新饼干的主要问题看来是什么？
- 这次营销活动中关键的问题是什么？
- 从这些可能的答案中，我们可以得出什么结论？

决定性问题

- 不论在饼干的配方或营销策略上，我们需要探索哪些新的方向？
- 我们的下一步是什么？

结语

在讨论中我感受到我们仿佛已经搭建起沟通的桥梁。我也感受到大家有强烈的意愿，希望把这个产品打造成"明日之星"。

学问

A11 评估一份营销资料

→ **情境**

公司的营销方案已经用了一段时间，现在到了做评估并且找出需要改变之处的时候了。

▲ **理性目标**

把众人对营销方案原先的印象与反应转化为深度的评估，并做出改变的建议。

▲ **体验目的**

营造对新营销形象的兴奋感。

→ **提示**

要谨慎地将注意的焦点集中在未来，不然很可能有人会起了防卫心，捍卫旧有营销方案的某些层面。

→ **其他可应用的情境**

这类讨论适用于所有类型的评估，如开发中产品的评估。

讨论内容

开场说明

在各位面前有一份完整的营销方案，当中有小册子、广告传单、广告活动、商标、目录与客户评价等。请花几分钟时间翻阅每一份资料，并注意你自己对每份资料的印象。

客观性问题

- 这份营销方案可分为哪几部分？
- 哪部分最旧？哪部分最新？
- 这份方案有哪些图像还停留在你的脑海中？

► 单元 A
有关评估与回顾的讨论

- 哪些字或句子吸引你的注意？
- 什么颜色显得突出？
- 看这些资料时，你听到自己脑中有什么声音？
- 哪些赠品项目显得突出？
- 我们当中有谁最近曾使用过这些资料，无论是整套使用或分开使用？
- 结果如何？
- 在这套方案当中你参与设计了哪些部分？

反映性问题

- 方案中依然吸引人的是哪些部分？
- 你被什么吸引？
- 不吸引人的部分是什么？
- 什么无法吸引你？
- 当你看这些资料时，你联想到什么或引发了哪些记忆？
- 方案中最令人兴奋的部分是什么？
- 最无聊的部分是什么？
- 有哪些部分已经过时？

诠释性问题

- 这份方案能发挥什么功效？
- 它做不到的事情是什么？
- 方案中的哪些方面需要改变？
- 需要怎样的改变？
- 从先前的讨论内容中听起来，我们需要保留的是哪些部分？
- 必须删除的是哪些部分？
- 让我们试着想象新的营销方案应有的样子。
- 新的营销方案应该要多点什么？
- 应该要少点什么？
- 你希望看到它包含哪几种颜色？

学问

- 我们想要传递的信息是什么?
- 我们要运用什么媒体来传递信息?
- 我们要采用什么样的印刷风格?
- 要有什么样的图案?

决定性问题

- 流程中的下一步是什么?
- 我们要指派谁来整理这些讨论所得到的初步结论?
- 我们下次开会讨论这件事情的时间是什么时候?

结语

这是一个很棒的讨论,也非常有帮助。有了这些意见之后,我们就可以来成立一个任务小组,就初步结论制定几个可行的草案,并保证在交付给设计师之前让大家都看过。

▶ 单元 A
有关评估与回顾的讨论

> **⚠ 引导者可铭记在心的几个重点**
>
> 　　一位好的引导者深知，当每位参与者的智慧得到肯定，而且整个群体贡献的资料受到尊重时，讨论方法就会有最好的效果。这并非仅仅是个抽象的原则。在实际操作中，这代表引导者必须随时有能力与意愿聆听参与者、领会与接受沉默、与发言的参与者保持目光接触、专注发言学员所说的内容，而不是专注身为引导者的你接下来要说些什么。从另一个方面来看，尊重参与者则是随时准备澄清不清楚的地方，让参与者的洞见从中浮现出来。
>
> 　　同样，引导者必须放下自己对团队所产生的内容的个人意见，小心不要以负面的态度回应，对团队的讨论内容维持超然中立的态度。超然中立的态度还包括在团队情绪过激时，以非防御性的态度缓解团队的批评、愤怒与挫折。

学问

A12 回顾一份重要的报告

→ **情境**

你刚刚收到一份对你的工作有巨大影响的重要报告。你给你的每位工作小组成员一份报告的复本，并把报告的各个章节分配给组员深入研读，请他们在会议中就分配到的部分回答以下问题：

- 该章节提到的要点有哪些？
- 我们有哪些经验与报告中提及的相似？
- 你读过的章节内容对我们有什么实质上的影响？
- 何处需要澄清作者真正的意思？
- 这份报告引发你想到哪些问题？

▲ **理性目标**

了解报告的真实意义及如何应用到工作上。

▲ **体验目的**

评估这份报告与团队工作的关联。

→ **提示**

这类讨论通常需要两小时，所以要预留好时间。诠释性问题的重点是为了探求复杂信息的本质，以及意识到如何将它运用在现在的情况中。

↳ 讨论内容

开场说明

每个人都已经深入研读了报告中的某个部分。我们先请每个人报告自己深入研读的部分，以及就该部分回答我先前给各位的问题。请玛莉先从第一节开始。

- 请每个人或每一组报告自己深入研读的章节。
- 确认他们在报告时都回答了预先准备的问题。

► 单元 A
有关评估与回顾的讨论

- 每个人或小组的报告结束时，邀请大家提出觉得不清楚的部分。
- 所有报告完成后，用以下的问题带领所有人一起讨论。

客观性问题

- 报告内容中有哪些部分引起你的注意？

反映性问题

- 哪些地方让你想起我们进行中的各方面工作内容？
- 这份报告让你联想到哪些情境？
- 哪些内容让你感到兴奋？
- 哪些内容让你觉得怀疑或挫折？

诠释性问题

- 从报告的各部分内容中，你可以看到哪些关联？
- 这份报告的重点是什么？
- 这些重点让你想问哪些问题？
- 我们会怎么回答这些问题？
- 这对我们的工作方式有什么影响（如果有的话）？
- 在我们要对提出来的改变做最后决定之前，还需要做些什么？

决定性问题

- 我们接下来要如何运用这份报告？
- 我们要如何落实我们建议的改变？

结语

今天的讨论对我们很有帮助。我们完整地探讨了这份报告的影响。谢谢你们事前的准备与反省。我会将今天的结论形成摘要，在星期二前交给各位。

学问

A13 评估一个员工福利方案

→ 情境
员工对于某项内部服务（可能是员工的托儿服务、员工自助餐厅、脚踏车停放区或脚踏车通勤者的淋浴室等）的质量有些抱怨。管理层展开一系列的对话，以探求如何让此项服务更能发挥效益。

▲ 理性目标
了解问题所在。

▲ 体验目的
计划采取行动以补救现状。

→ 提示
将这个讨论扩展为一个完整运用团队共创法*的讨论，让大家可以头脑风暴出相关的议题与解决方案，可能会有很大的帮助。本讨论的发起人在进行之前必须清楚可着手改善的可能性在哪里。若是因为种种问题让管理层早就想要终止这项服务，再举行这类讨论只会让参与者有错误的期待。

→ 其他可应用的情境
任何关于不尽理想的事务，这类讨论能引出大家的意见。
你也可以将其运用于探讨与你部门工作相关的一项新的政策法规。

↘ 讨论内容

开场说明
我们要评估这项服务的效益。这项服务已经引发一些质疑。我们需要你的参

---

* 团队共创法（Workshop Method）是文化事业学会（The Institute of Cultural Affairs，ICA）根据 O-R-I-D 原理所研发的一种共识方法。

与来了解问题所在与要如何解决。我们不是来追究责任的。我们关心的是问题与其解决方案。

客观性问题

- 首先，我们先来谈谈这项服务的历史。这项服务是从什么时候开始的？有谁记得吗？
- 为什么会有这项服务的产生？我们请当时曾亲身参与的人来分享一下。
- 谁真正在使用这项服务？多长时间使用一次？
- 谁最近使用过这项服务？使用的过程中发生了什么事？
- 关于这项服务，你曾经听过哪些使用经验或评语？

反映性问题

- 这项服务的哪些方面让使用者满意？
- 哪里让使用者感到不开心？
- 哪些地方惹人讨厌？

诠释性问题

- 依你目前的了解，问题出在哪里？
- 运作不良的程度到哪里？
- 还有哪些相关的问题？
- 在座的哪位可以总结一下，我们需要处理的问题点有哪些？

决定性问题

- 我们需要做些什么来改善这项服务？
- 我们需要立刻采取的行动是什么？

结语

这次讨论对问题的解决帮助很大。有了各位所贡献的意见，我确定我们能够让这项服务发挥更大的效益。

学问

A14 评估一场贸易展

→ **情境**

营销部与业务部的同仁刚刚合力完成了一场贸易展。现在他们正聚集在公司的会议室里，准备对贸易展中所发生的事情做反思并评估这场展览的效益。

▲ **理性目标**

得到对于这场展览过程的共同看法，评估这次成果对于公司的价值，以及决定明年是否仍要参展。

▲ **体验目的**

体验到团队的付出受到重视，并感受到他们贡献的价值。

→ **提示**

有时候会有人在你还没提问前就已先行回答了你的问题。跟上团队的速度是很重要的。为了跟上团队的速度，最好的做法往往是跳过一个问题，而不是要求团队回答一个他们在思维上已经超越了的问题。引导者必须决定是要跟随团队目前所关心的话题，还是要坚持让团队回答某个问题后再继续。

→ **其他可应用的情境**

这类讨论可以应用在评估某场演示、某个活动的摊位或任何大型活动中的其他工作。

↘ 讨论内容

开场说明

我们来反思一下"未来的家与花园"展，这会对我们很有帮助。我们投入了许多时间、金钱与心力在这场展览上，现在来谈谈我们从中学到了什么，我们的表现如何，并决定值不值得明年继续参加。我知道在场有些人拥有比较独特的信息可以与我们分享，但我更相信每个人都有些值得提出来分享的信息。

> 单元 A
> 有关评估与回顾的讨论

客观性问题

- 你记得展览中的哪些情境?
- 是什么让你记得它?
- 我们展示了什么?
- 消费者买了什么? 带走了什么?
- 他们表示过对什么感兴趣?
- 哪些产品或服务引发了最多的问询?
- 哪些被忽略了?
- 我们客户名单上因此增加了多少客户?
- 我们接到多少预购的订单? 它们的金额是多少?
- 我们因此带来多少营收?

反映性问题

- 对你个人来说,这场展览中令你印象深刻的事件是什么?
- 顾客对我们商品的回应中,哪些让你感到出乎意料?
- 哪些时候是展览的低谷?
- 在展览过程中,你什么时候感受到挑战?

诠释性问题

- 这场展览为我们组织带来了什么?
- 我们发现了哪些新的机会?
- 对我们组织而言,这场展览没有发挥到的功能是什么?
- 如果我们再度参展,我们做法上可以有哪些不同?

决定性问题

- 权衡我们参与这场展览的优缺点,你认为我们参展的价值如何?
- 对于我们明年的参展,各位有什么建议?

结语

这真是一次发人深省的讨论。能了解各位真正的想法是一件很棒的事情,对我们评估明年参展的策略很有帮助。谢谢各位!

学问

A15 评估一个新的工作表格

→ **情境**

你在部门内启用了一个新的表格。你想要评估它的设计与效益。

▲ **理性目标**

了解员工对于这个表格的第一反应。

▲ **体验目的**

员工了解自己的意见是如何被应用的，并且感受到他们的建议受到重视。

→ **提示**

参与会议的每个人面前都要准备好一个大家正要讨论的那个表格。你必须确保在进入反映性问题之前要获得充足的客观性资料。心里准备好要让较沉默的成员也能回答："小李，让我们听听你对刚刚那个问题的答案。"（然后再重问一次刚刚的问题。）

留意"象征性的参与"综合征。如果到后来你已经可以听得出来团队认为这个表格实在可以"扔进垃圾桶算了"，你要有正视团队的建议的心理准备。准备好要说以下类似的话："好，我可以看得出来大家对于这个表格所持的强烈保留态度。我会将各位的意见传达给管理层，并建议重新设计。"

→ **其他可应用的情境**

这类讨论也能用来评估一套刚租借来的新设备。

↘ **讨论内容**

开场说明

大家一直在谈论这个新的表格。事实上，这个表格引起了一些强烈的反应，评语有好有坏。我想我们一起来谈谈对于这个新表格优缺点的各方面看法，可能对情况会有些帮助，好吗？

> 单元 A
> 有关评估与回顾的讨论

客观性问题

- 看到这个表格时,你最先注意到什么?
- 它包含了哪些主要的项目?

反映性问题

- 你喜欢的部分是什么?
- 不喜欢的部分又是什么?

诠释性问题

- 和原来的表格相比较,两者有什么不同?
- 它的优点是什么?缺点在哪里?
- 这个表格会如何影响我们的经营方式?

决定性问题

- 我们能够做些什么以确保大家恰当地运用这个表格?

结语

让我们持续这样的反思。未来运用这个表格的时候,如果你有其他想法请随时告诉我,我很乐意再多听到各位的意见。

单元 B
有关筹备与策划的讨论

为之于未有，治之于未乱。
——老子《道德经》

在观察的国度里，机会只钟情于准备好的心智。
——路易斯·巴斯德（Louis Pasteur，发现细菌的近代微生物学家）

筹备和策划是任何职场都不可或缺的基本功能。每件事及其内容的变更一定要事先筹备与策划。通常产品、事件或活动进行得有多成功，要看筹备和策划的功夫下了多少。

焦点讨论法有助于让团队中所有人都聚焦在一个主题上。我们假设负责策划的人希望将团队的参与极大化。然而，当一群人聚集在一起进行筹备或策划时，大家的注意力总是分散的：玛莉想知道孩子到底到学校了没有；乔西满脑子是他新买的跑车；露西正在跟卡西聊她们看过的那场艺术展览；其他人不是看着窗外，就是巴不得他们现在正在打高尔夫球。

领导要做的第一件事，就是让所有人的注意力放在同一件任务上，把大家的心思都带到同一个地方。想立刻带领团队进行策划工作，就像在严冬发动汽车一样，光是用脚猛踩油门是不够的。在与筹备和策划相关的团队任务上，焦点讨论法是将主题搬上台面的好方法。它能循序渐进地让大家投入任务，提供足够的信息，让所有人的注意力都集中到同一件事情上。

在开场阶段运用焦点讨论法，能渐渐地让大家从分心、不专注到感兴趣地投入，也能让大家对该主题从理性及直觉性角度进行思考。

单元 B
有关筹备与策划的讨论

本单元包含了 18 个不同的筹备与策划的讨论。

B1．在工作坊开始前帮助团队聚焦

B2．介绍新的培训主题

B3．准备产品简介

B4．收集读书心得

B5．帮助团队准备报告

B6．策划标志与口号

B7．策划职场中的学习小组

B8．准备会议的议程

B9．组织内部志愿者团队

B10．策划员工聚会

B11．制作宣传手册

B12．整合预算

B13．设计新办公空间

B14．创想新的装潢

B15．选定大会主题

B16．设计客户服务手册

B17．启动营销规划流程

B18．准备新产品上市的策略性报告

进行策划时，知道所使用的工具的限制是很重要的。一次好的焦点讨论可以运用在员工聚会的策划上，只要记得在结束前要确实地分派任务。话虽如此，一场讨论无论进行得有多好，仍不足以涵盖长期规划时所包含的所有复杂工作。因此，还需要其他工具——如策略规划——的辅助。焦点讨论能作为较大型的规划流程的一部分，如用在策略执行三个月后开会讨论执行成效，或者对已完成产品的反思上。

由于这类讨论多半是为了广泛地征集想法或建议，所以事先安排好人手以翔实记录讨论的内容是很重要的。完成的记录在讨论后分发给每位参与者，这样一来，每个人就能根据同样的信息进行工作。在后续的工作中，你可能需要常常参考这些记录的内容。

学问

B1 在工作坊开始前帮助团队聚焦

→ **情境**

在一个以解决问题为目的的工作坊*开始进行前，团队领导者希望团队的注意力聚焦在问题及其发生的过程上。

▲ **理性目标**

借由讨论问题的由来与根源，让每个人的注意力都集中在相同的主题上。

▲ **体验目的**

帮助团队将心思专注在讨论的内容上。

→ **提示**

讨论时提出的最后一个问题，最好就是接下来所要进行的工作坊的焦点问题**。这样可以不露痕迹地将流程从讨论过渡到工作坊。问决定性问题时，只要团队给出二至三个答案即可，因为接下来整个工作坊的进行，就是要回答"我们该做些什么"的问题。当大家对于议题过于热情而产生焦虑时，讨论就无法顺利进行。如果此种情况发生，最好直接开始进行工作坊。若是你使用团队共创法***来进行工作坊，它所使用的卡片与流程架构都有助于减缓焦虑。

→ **其他可应用的情境**

这类讨论也可用于新项目介绍小组成员，以及厘清每位成员带来的假设或期待。

---

* 工作坊（Workshop）指的是邀请与会者一起参与，以创造出成果的会议或活动，而非布达或说明会等不提供参与机会的会议或活动。

** 一个工作坊的"焦点问题"（Focus Question），指的是进行该工作坊所要回答的问题。工作坊的成果应该就是这个问题的答案。

*** 团队共创法（Workshop Method）是文化事业学会（The Institute of Cultural Affairs，ICA）根据 O-R-I-D 原理所研发的一种共识方法。

90

> 单元 B
> 有关筹备与策划的讨论

↘ 讨论内容

开场说明

终于，我们决定要一起来审视这个问题，并且要决定采取什么样的行动来突破现状。我们工作坊的焦点问题是："我们能做些什么以解决这个问题？"为了能更具智慧地回答这个问题，我们先用几分钟时间来看看问题是如何形成的。我们来回顾一下是什么将我们带到如今这种境况的。

客观性问题

- 有哪些事件导致这个问题的发生？
- 关于这个问题的背景，你还知道什么？

反映性问题

- 在这当中，有哪些部分令人感到挫折？
- 你个人对这个问题有什么样的感受？
- 它对我们的工作产生了怎样的影响？

诠释性问题

- 如果这个问题不解决，对我们的组织与客户会产生什么样的结果？
- 还会涉及哪些其他部分？
- 产生这个问题的根本原因有哪些？

决定性问题

- 我们可以做什么来解决这个问题？

结语

这是一个很好的开始。有了这些讨论的内容作为我们的背景资料之后，让我们把最后一个问题当成我们工作坊的焦点问题，继续深入探讨。

学问

B2 介绍新的培训主题

→ **情境**

参加密集培训课程的学员已经准备好要进行下一个新的主题。进行一段讨论有助于介绍接下来的课程。

▲ **理性目标**

连接新主题与过去的经验。

▲ **体验目的**

帮助团队正面地认识存在于新主题中的挑战与可能性。

→ **提示**

如果用颜色或动物来回答反映性问题有可能会超过团队的想象范围,那么你可以在提问前先让大家有点心理准备,说明:"接下来的问题听起来可能有点傻。不过你就把它当成一种实验,从玩乐中回答。"你会得到超出你想象力之外的回答。隐喻的问法是强有力的。

→ **其他可应用的情境**

当团队面对新流程、新技术或新的培训主题时,皆可运用这类讨论。

讨论内容

开场说明

今天我们要开始一个新的主题(念出主题)。让我们大家来谈谈在这个领域内所拥有的经验。

客观性问题

- 关于这个主题,与你相关的第一次经验发生在什么时候?
- 一想到这个主题,你脑海中就跳出来什么画面?

- 关于这个主题，我们已经知道什么？

反映性问题

- 这个主题带给你什么样的情绪感受？
- 你过去有哪些经验与此主题相关？
- 这个主题让你联想到什么颜色？
- 这个主题让你联想到什么动物？
- 你喜欢这个主题的哪些部分？
- 你不喜欢的部分是哪些？
- 关于这个主题，最具有挑战性的是什么？

诠释性问题

- 为什么这个主题如此重要？
- 它会如何影响你、你的工作或你生活中的其他领域？
- 对于这个领域，你最主要的疑问是什么？

决定性问题

- 我们可以如何帮助彼此学习这个主题？

结语

当我们像刚刚那样分享彼此的洞见时，已经在了解这个主题的路上跨出了第一步。

学问

B3 准备产品简介

→ **情境**

你正在准备用来介绍公司产品内容的幻灯片。客户给你 15 分钟的时间进行产品简介。现在你独自一人坐在酒店房间内,思索该如何吸引客户并说服其购买。这是你与自己进行的对话。

▲ **理性目标**

传达产品的信息与你对它的热情。

▲ **体验目的**

呈现产品的优点以说服客户购买。

→ **提示**

这个对话只能用于时间很短的简介,而且没有充裕的时间事先写下内容并进行事前演练。

→ **其他可应用的情境**

这类对话也可运用在写报告、评论或需要快速提案时。

讨论内容

开场说明

为了准备这场简介,我要问自己一些问题。我要将问题的答案包含在简介里,以吸引听众的注意。

客观性问题

- 我需要分享哪些关于此产品的详细信息?比如有哪些数据、图表、历史、规格、用途与优势?

反映性问题

- 是什么让我如此热衷这个产品?这个产品让我觉得兴奋的地方是什么?

诠释性问题

- 我要说些什么才能够清楚强调产品能带给这位客户的利益?
- 这个产品会如何满足客户的需要?

决定性问题

- 要响应我的介绍,客户有哪些选择?
- 在这些选择中,哪项最好?
- 他们应该下什么订单?

结语

我想象自己循序渐进地进行介绍,最后有了成功的结果。

学问

B4 收集读书心得

→ **情境**

在公司的读书会上刚读完一本畅销书,他们希望公司内其他员工也可以阅读这本书,所以打算在公司内部的通信刊物上撰写书评。现在他们要为书评的写作收集读书心得。

▲ **理性目标**

厘清这本书的内容及要传达的意义。

▲ **体验目的**

表达出这本书可以如何为读者与组织带来不同。

→ **提示**

在最后一个诠释性问题之前,先不让参与者提出任何关于这本书的批评。如果有人开始说他们不满意书中哪些内容,提醒他们:"我们稍后会有时间来讨论这个。"重要的是,在询问批评的看法前,要先清楚这本书在说什么、主要观点是什么,以及这本书与你的关联是什么。

→ **其他可应用的情境**

这类讨论也有助于对各种产品内容的撰写,如传单的内容。

讨论内容

开场说明

我提议我们一开始先以讨论的方式来回顾这本书,以及看看我们在撰写书评时要强调哪些内容。我注意到在读书会进行时,你们有很多人做笔记,也有人画了很棒的思维导图。让我们用 10 分钟的时间各自浏览一下这些记录。没有做笔记的人,可以浏览这本书各章的第一段与最后一段,浏览越多章越好。我们会将讨论录音,供日后参考。杰克会将我们的讨论用纸笔记录下来。

▶ 单元 B
有关筹备与策划的讨论

客观性问题
- 从你刚刚读的内容中，你注意到哪些字词或句子？
- 作者陈述了哪些主要观点？
- 哪一章或哪几章包含了作者论述的核心？

反映性问题
- 这本书如何影响你个人？
- 作者在本书中说了些什么让你觉得不舒服？为什么？
- 对你来说最棒的是哪部分？

诠释性问题
- 我们需要把这本书放在哪种更大的背景当中？
- 作者对职场有哪方面的疑惑？
- 作者的建议是什么？
- 你认为这本书缺少了些什么？
- 所以我们在书评中要强调的是什么？

决定性问题
- 假设书评有五个段落，谁来大胆尝试建议一下每个段落的主题？另外有谁再来试试看，这五个段落具体会是什么？再请下一位来试试看。
- 哪两位愿意组成写作小组拟出书评的草稿，以便在下次会议中供大家讨论？
- 在结束前我们还有哪些建议要告诉他们两位？

结语
通过这次的讨论，我们应该可以写出一篇对读者和我们的组织都有影响力的书评。

学问

B5 帮助团队准备报告

→ **情境**

某工作小组正在准备要呈给主管与投资人的季末报告。小组要讨论里面该放哪些内容，以及要强调哪些部分。

▲ **理性目标**

厘清报告的背景脉络、主要标题以及基本的故事线。

▲ **体验目的**

知道这份报告正中目标，体验其带来的满足感。

→ **提示**

请注意，这个讨论的客观性层次很复杂。它包含了所有四个层次的问题，直接指向报告的主题，而且其中运用了许多客观性问题来发掘报告的内容。诠释性问题很重要，因为它们能让你知道如何整理已产生的资料。记得指派两位熟练的会议记录人员或现场录音，因为在会后撰写报告时，你会需要经常回头参考记录中所记载的共识。在诠释性层次可以运用容易涂改的白板或是纸卡，让即将成形的报告可视化。

这个讨论既耗时又复杂。针对客观性问题本身就已经可以进行一场焦点讨论。诠释性层次的部分可以改用团队共创法[*]。

→ **其他可应用的情境**

这类讨论有助于催生复杂的写作任务或影片制作任务，如广告或培训录像带的脚本。

---

[*] 团队共创法（Workshop Method）是文化事业学会（The Institute of Cultural Affairs，ICA）根据 O-R-I-D 原理所研发的一种共识方法。

> 单元 B
有关筹备与策划的讨论

↳ 讨论内容

开场说明

让我们一边讨论一边思考,我们要在报告里放哪些内容,以及要强调哪些部分。我已经请吉姆和安奈特在参与讨论的同时负责记录。

客观性问题

- 我们要报告的是什么?
- 谁会阅读这份报告?
- 他们将如何使用这份报告?
- 哪些我们已经完成的重要事项应该放到报告内?
- 这个报告的主题有哪些独特的视角?
- 我们的重要心得是什么?
- 撰写报告前,我们应该要访谈哪些人?

反映性问题

- 对于我们所报告的项目,读者需要知道什么?
- 哪些是报告中容易撰写的部分?
- 不容易撰写的部分有哪些?
- 撰写报告时什么会是真正的挑战?

诠释性问题

- 我们在报告中需要涵盖的主要论点有哪些?
- 我们该如何安排论点的撰写顺序?哪位愿意代表大家勇敢地建议一条故事线,用一个长句子将这五个论点连接起来?
- 哪位愿意试试看建议另一条故事线?再来一位试试看。
- 就你刚刚所听到的,这份报告策略上的目的是什么?

决定性问题

- 我们要用什么风格来进行介绍?
- 在美工、照片、引言与图表等方面,我们想要呈现出什么样的形象?

学 问

- 你预想封面是怎样的?
- 我们何时能完成报告?
- 接下来的第一步或第一个任务是什么?

结语

虽然这个讨论进行了很久,但它帮助我们做了更好的准备。我感觉到大家现在已经准备好要开始进行报告的制作了。

> 单元 B
> 有关筹备与策划的讨论

❗ 引导者可铭记在心的几个重点

尊重参与者

对参与者的尊重是真诚对话的关键之一。引导者相信人类与生俱来的能力，相信人类能够了解并且有创意地响应他们自己的处境。引导者假设每个人都是想法、技能与智慧的来源。这样的信念让引导者能将每个人的想法视为过程中的真诚贡献。

主动倾听

主动倾听能传达出引导者对每个人的尊重。当引导者以原意重述他所听到的话，代表他尊重这些话对这个过程的贡献，也尊重了说出这些话的人。主动倾听是当有人说话时要主动注视着他，或者记笔记，或者注意到哪些人已经有一段时间没说话了。用笔记写下可供后续讨论的想法。没有任何其他事情比引导者在记笔记时漠视或更改参与者的想法而更让参与者不想参与的了。同样地，引导者若不注意大家的状态，而只是自顾自地将流程进行完，最终可能得到了讨论结果，却忽略了对个人的尊重。

仆人风格

引导者的风格不是导师、达官贵人或超级巨星。比较好的比喻是仆人，协助团队成员对彼此展现他们的智慧。引导者做的每件事都朝向这个终极目标，也就是帮助每位参与者与整个团队最大限度地发挥，让他们能共同对手上的议题做出最好的处理。

学问

B6 策划标志与口号

→ 情境
有一个小型的服务性组织，要着手进行一项长达五个月的募款活动。他们需要一组能吸引人的标志与口号。

▲ 理性目标
设计出几组对组织与赞助者意义深远的标志与口号，以供选择。

▲ 体验目的
有趣又能发挥创意。

→ 提示
在反映性层次上创造乐趣。尝试任何可以让大家放松的事情，如开开玩笑、戴上纸做的帽子等，让大家暂缓评判，让点子与想法涌流而出。

→ 其他可应用的情境
这类讨论可帮助大家聚在一起，为组织部门、公关工作或"注意安全月"等创造出标志与口号。

↘ 讨论内容

开场说明
即使我们当中没有艺术家也没有作家，我们还是可以想出一些标志与口号的好点子。标志与口号可以非常激励人心。若我们能想出打动人心的口号，我们在战役开打前就已经成功一半了。

客观性问题
- 你听过哪些非常容易记住的口号？
- 从这些口号中浮现出怎样的画面？

- 在活动中我们要做的工作是什么？
- 我们最终的目标是什么？

反映性问题
- 在活动中你最期待的是哪部分？
- 哪部分会相当有趣？哪部分会有挑战性？
- 活动开始时的感觉会像什么？
- 活动达到高峰时的感觉会像什么？
- 进入尾声时的感觉会像什么？
- 一个成功的活动，最令人感到满足的结果会是什么？
- 这样的结果在照片中看起来会是怎样呈现的？
- 现在，透过这些想象，你想到了什么电视或广告口号或想到什么图片？

诠释性问题
- 你需要告诉自己什么以保持自己的募款动力？
- 每天早上你会想要在脑海中放入什么画面以帮助自己勇往直前？
- 用一分钟时间在一张纸上草拟出一个标志。画好后高高举起来。

决定性问题
- 以上这些想法中，哪些可以转化成一个好的口号或标志？
- 我们如何让它更强有力？
- 要创作出标志与口号，我们的下一步是什么？

结语

也许你们中有人可以揣摩我们想要表达的感觉，然后拿起笔画出一个标志来。或许活动结束很多年之后，我们都还会记得它。

学 问

B7 策划职场中的学习小组

→ **情境**

在组织内工作的成员，经常需要建立与专业相关的学习小组，以便跟上专业的变化，构建彼此支持的模式。有兴趣参与的成员正要举行第一次会议，希望就学习计划取得共识。

→ **理性目标**

让职场学习小组的目的与内容获得焦点。

▲ **体验目的**

激发共同学习的兴奋感，并承诺共建学习小组。

▲ **提示**

这个讨论的目的是要从团队取得"成立学习小组"的共识，所以较偏重营造感觉，而较不重视实际层面。下一次聚会可进行比较重视实际做法的讨论，如决定学习大纲、日程安排与作业。所以下次聚会时也可以用团队共创法*的方式进行。

→ **其他可应用的情境**

任何因共同兴趣而形成的社群，包括女性或男性社团，都可以用这种方法创造议程。

↘ 讨论内容

开场说明

我们当中有几位已经陆续谈过好几次关于我们需要彼此帮助的事情，让我们的专业素养能够跟上这个领域不断变化的学说、价值观、科技与技术。今天我们就要踏出成立学习小组的第一步。通过这场讨论，我们要找到学习的目的与内容上的焦点。我们也跟主管们谈过，他们很乐见这个想法成形。所以今天就让我们

---

* 团队共创法（Workshop Method）是文化事业学会（The Institute of Cultural Affairs，ICA）根据 O-R-I-D 原理所研发的一种共识方法。

来讨论我们想要促成什么事情发生。

客观性问题
- 最近有哪些事件或情况提醒你需要加把劲跟上来，或者需要多读点书？
- 是什么让你觉得与同事一起学习研究会有帮助？
- 当想到我们学习小组已在运作时，你脑海中会出现什么画面？
- 我们想要让什么事情发生？

反映性问题
- 成立这样的学习小组有什么好处？
- 有可能产生的坏处是什么？
- 在座的谁曾经有成立学习小组的经验？

诠释性问题
- 我们察觉到最迫切需要研读的是什么？
- 哪些是我们想要涵盖的主题？
- 哪些是我们想要使用的材料？
- 我们要用什么方法进行？

决定性问题
- 我们要多快开始进行？
- 我们可以在哪里进行聚会？
- 我们要把聚会时间定在一天的什么时候，上班前、午餐时间，或者下班后在某人家中进行？
- 谁愿意来整理我们这次讨论的记录，以及草拟出对于运作模式与研读内容的建议，供大家参考？
- 下次聚会时，我们就要来看一看学习的日程安排，以及决定阅读书目与学习主题的带领人。何时可以进行下一次聚会呢？

结语
这次的讨论很棒，它让我们的计划开始进行起来了。很期待下次的聚会。

B8 准备会议的议程

→ **情境**

你正带领一个小组，为员工月度例会准备议程。

▲ **理性目标**

创造一个可以帮助团队处理即将发生的问题和其他事项的议程。

▲ **体验目的**

释放焦虑，创造对会议的期待。

→ **提示**

这种模式可以用来计划员工会议。最初的客观性问题可能需要对参与者事前做个调查，或请特定的几个人回答，以便列出议题的清单。会议时间的长短是重要元素。简短的会议可能包括几项议题的讨论，也可能只讨论一项议题，加上几项重要事项的宣布。长时间的会议则需要更小心的安排。

当有议题提出时，将它们一一写在挂起来的大白纸上是很有用的。如此一来大家便可以就清单进行讨论。

→ **其他可应用的情境**

这类讨论可以应用在许多其他种类的会议上，如工会聚餐、教会执事会等。

⬊ 讨论内容

开场说明

我们要制定下次员工会议的议程，也就是要列出我们会议中需要处理的议题。

客观性问题

- 哪些议题是从上次会议中延续下来的?
- 还有哪些我们曾听过的议题?

反映性问题

- 哪些议题给了你可以轻松处理的印象？
- 哪些议题给了你难以处理的印象？

诠释性问题

- 此次会议的议题中，最为关键需要处理的是哪些？
- 哪些议题可以用不同的方式探讨或在不同的场合提出？
- 哪些议题需要最先解决，才能处理其他议题？
- 处理每个议题大约需要花多长时间？

决定性问题

- 议程表要如何安排才是最好的方式，以确保每件需要做的事我们都能做到？
- 谁来主持会议？

结语

很好，我们已经涵盖了许多需要讨论的领域，也做了很好的决定。看来午餐时间到啰！

学问

B9 组织内部志愿者团队

→ **情境**

在职场中工作的人常常会发现需要筹建正式或非正式的志愿者团队，如工会、午餐时间论坛、日间托儿服务、咨询小组，或者为了特定员工需求而成立的任务小组。在这个例子里面，MNO 这家公司的员工正在开会，讨论要开始内部的日间托儿服务。

▲ **理性目标**

为成立此特殊团队跨出第一步。

▲ **体验目的**

引发成立团队的兴奋与承诺。

→ **提示**

这个讨论是专为初步的会议设计的，接下来的会议就不适合用这种类型。后续的会议如收集信息与计划性质的会议，最好用头脑风暴与分类资料的方式进行。

→ **其他可应用的情境**

这类讨论有助于在成立任何对人们工作或生活有帮助的团队时召开初次会议，如互助会、师徒见习会或客座讲师系统等。

讨论内容

开场说明

我们来讨论设立公司内部日间托儿服务的事宜。主管愿意接受这个想法，也愿意因此调整预算，或者考虑其他我们所建议的改变。所以让我们开始讨论吧！

客观性问题

我们用一分钟时间回顾一下这个想法是如何发展到今天的。

- 员工发生过的哪些状况让我们觉得有提供日间托儿服务的需要？

- 我们想要让什么事情发生？
- 这个想法一开始是谁提出的？
- 此外，我们还听说谁对这个项目感兴趣？

反映性问题

- 想到我们努力的成果，你脑海中出现什么画面？
- 成立这样的服务小组有什么好处？
- 可能有什么坏处？
- 谁曾经有过这样的经验？

诠释性问题

- 我们可以预期从其他人那里得到哪些其他响应？
- 这对我们有哪些意义？
- 什么会因此而改变？
- 你为何对成立这样的小组有兴趣？
- 这个小组成立的目的是什么？（这一题仅需要一或两位响应即可。）

决定性问题

- 我们如何从其他人那里得到更多的支持？
- 要启动这个计划，下一步可以做些什么？
- 谁会来执行这些行动？
- 我们下次的会议要定在什么时候？地点在哪里？
- 有谁应该要参加下次会议？

结语

这是一次很棒的讨论，也是一个很好的开始。谢谢大家的参与。欢迎你出席下次会议，也欢迎你带同事一起来。

学问

B10 策划员工聚会

→ **情境**

主管指派一个小组筹办员工圣诞聚会。

▲ **理性目标**

对于晚会勾勒出一些初步的形象或画面。

▲ **体验目的**

对于欢乐的气氛充满期待。

→ **提示**

若你有充裕的时间来准备,你可以让这次会议偏重创造印象,作为几次会议中的第一次。就此种情况而言,这次讨论在问完第一个决定性问题后就可以结束了。然后请与会者回去后再进一步想想晚会内容并在下次会议中提出建议。若情况恰巧相反,你准备的时间很紧迫,那么在讨论结束前,你就要有晚会的基本概念,以及做好分工。

→ **其他可应用的情境**

这类讨论可以用来计划校园舞会、节日庆祝晚会、新年晚会及其他庆典。

↘ 讨论内容

开场说明

让我们来谈谈在一年的尾声时,我们想要什么样的员工聚会。

客观性问题

- 聚会是为谁举办的?
- 就时间上有哪些既定的安排?
- 就我们所知,聚会的预算如何?
- 我们已经有哪些资源来举办聚会?

- 可能举办的地点有哪些？

反映性问题

- 我们希望聚会带给大家什么样的感受？
- 有哪些色彩、食物或装饰能营造出这种气氛？

诠释性问题

- 在聚会中，我们希望什么发生在参与者身上？
- 我们希望大家在派对中有什么样的经历？在开始时经历什么？中间呢？结束时呢？
- 什么活动可以达到这个目的？
- 需要哪些工作上的角色？

决定性问题

- 让我们来创造一个聚会的情境：请用一分钟时间想象一下，然后请哪位说说你看到聚会从头到尾是如何进行的。聚会分成哪几个部分？每个部分会发生哪些事情？
- 我们邀请另外一位：你会做哪些补充？哪位还要补充？
- 我听到的是，晚会分为三个主要的部分，分别是：1____，2____，3____。
- 我说得对吗？好。
- 聚会要如何开始？
- 聚会要如何结束？
- 下次会议前我们需要做哪些基本的准备？
- 有哪些事情我们需要与主管确认一下？
- 我们的责任要怎么分配？
- 下次我们什么时候开会？

结语

很好，我们已经涵盖了许多需要讨论的领域。我们真是太有创意了！这一定会非常好玩。

学问

B11 制作宣传手册

→ **情境**

有四个人在讨论要如何为公司制作简单、低成本的宣传手册。

▲ **理性目标**

引导足够的对话以激发样稿的创作，以后再进行后续讨论。

▲ **体验目的**

体验到对共同目标的清楚感受。

→ **提示**

如果你去问平面设计师怎么制作令人满意的宣传手册，他会告诉你，对宣传手册的重点达成共识以及你们看过草稿后的感觉，是做出令人满意的宣传手册的关键。

→ **其他可应用的情境**

这类讨论可用于制作其他广告宣传品，如广告看板、广告歌曲或一分钟的电视广告。

↘ 讨论内容

开场说明

让我们花些时间讨论，看看大家想要什么样的宣传手册。

客观性问题

- 谁愿意帮大家念过宣传手册的内容？
- 我们希望宣传手册中包含什么？
- 要特别放到宣传手册中的要点是什么？
- 我们会如何散发这个宣传手册？

反映性问题

- 你喜欢哪些你曾经看过的宣传手册？

- 为什么喜欢它们？
- 对于其他宣传手册或我们的想法，你的直觉感受是什么？

诠释性问题

- 我们要用这个宣传手册传达什么？
- 我们最想强调的一点是什么？
- 我们希望宣传手册具有什么风格？

决定性问题

- 刚刚提到的哪些重点是我们要凸显的？
- 什么样的版面或内容顺序能够强化这条信息？
- 我们的下一步是什么？

结语

我想我们已经有足够的想法交给吉姆，让他进行后续的工作了。

B12 整合预算

> → **情境**
>
> 你正要编写下年度的预算。每个团队与部门都已经被要求事先做到以下事项：
>
> 1. 准备自己团队／部门的预算。
> 2. 将预算与年度工作计划及目标连接起来。
> 3. 列出为编写预算而做的假设。
> 4. 提供与过去几年收支的比较。
>
> ▲ **理性目标**
>
> 就整体预算与调整的准则达成共识。
>
> ▲ **体验目的**
>
> 通过倾听员工关切的焦点，建立对预算的信心以及员工满意度。
>
> → **提示**
>
> 在诠释性层次上，可能需要提出更进一步的问题，以确保大家在调整预算的准则或其他方面达成共识。
>
> → **其他可应用的情境**
>
> 你或许可以用情境塑造的方法在诠释性层次达成共识。

↘ 讨论内容

开场说明

各位在之前都已经被告知，要按照自己团队的目标与工作计划做出下年度的预算。我已将这些预算以部门为单位放入电子表格，就是各位现在手里拿到的。今天我们的重点是要了解预算编写的依据，了解要达成年度预算的共识还需要讨论哪些项目，以及了解修正预算所使用的标准或尺度是什么。目前我们的支出超过/低于预算的百分之_____，收入超过/低于预算的百分之_____。

► 单元 B
有关筹备与策划的讨论

客观性问题

让每个团队报告各自的预算，说明预算与年度目标的关联，以及预算背后的假设。每个团队报告完之后，请大家就该团队报告不清楚的部分提出澄清问题。

反映性问题

- 刚才当你聆听初步预算的报告时，有哪些出乎你意料之外的预测或假设？
- 哪些部分引起你的担忧？

诠释性问题

- 当看着这些预算时，你想到了哪些问题？（只提出问题即可，后续再做讨论。）
- 关于刚刚提到的假设，你想要提出的问题是什么？（把大家想提出的问题写下来。）
- 你觉得我们应该要改变哪些假设，以增加收入或减少开支？
- 为了让团队有足够的资源，我们要调高或降低预算的哪些部分？
- 听了大家的讨论，你认为我们现在提出这些建议的准则是什么？
- 当我们要修改预算时，还有哪些其他的考虑因素是我们需要铭记在心的？

决定性问题

- 我们要提出哪些建议？
- 我们的下一步是什么？

结语

我会依大家的建议进行修正。如果过程中发现其他需要修正的地方，我会用大家同意的准则来建立模型。下次关于此事的会议会在两星期内召开。

学问

B13 设计新办公空间

→ **情境**

你的团队要搬到公司大楼的另一边。你们已经获得允许，可以将办公空间设计成你们想要的样子。在搬迁开始前，你的团队需要制订每个人都满意的空间运用计划。

▲ **理性目标**

厘清团队对于布置新办公空间的价值观。

▲ **体验目的**

引发对办公空间与工作的热情。

→ **提示**

引导讨论的人要做详细的记录，或者请某人来记录。即便在客观性层次中，我们也要求与会者用心想想看到了什么，这些也属于客观性问题。

→ **其他可应用的情境**

这类讨论可用在其他的设计工作上，如年度报告的版面设计、展览会的摊位设计等。

↳ 讨论内容

开场说明

我们有一个全新的办公空间，可以按我们的想法来设计。

现在，让我们来想想看我们喜欢的空间是什么样的。不如大家站起来走出去，一起去看看我们的新办公空间。

客观性问题

- （到达新的办公空间之后）想象我们已经搬进来了，而且都已经照着你们想要的方式摆放妥当。当人们走进这个办公室时，他们会看到什么？
- 灯光看起来怎样？

- 他们看到的装潢是什么？
- 他们看到哪些标语？

反映性问题
- 新办公室的氛围是怎样的？
- 当你考虑整体空间时，你所坚持的是什么？

诠释性问题
- 新办公空间有哪些不同的用途，如公共空间、培训教室或半隐秘区域？

对每个不同用途的空间，都要问以下的问题：
- 这个空间的氛围怎么样？
- 这里正在进行的事情是什么？
- 这个空间的规划是什么样子的？
- 现在你认为设计这个空间最重要的核心理念是什么？

决定性问题
- 谁愿意组成特别小组，就每个房间的具体设计提出建议？

结语

你们的创造力总是令我惊喜！下星期与设计师开会时我会把今天的结论告诉他。

B14 创想新的装潢

→ 情境
大家普遍认为办公室的环境老旧，需要重新装潢翻修。公司成立一个特别小组与每个部门会谈，获得他们的想法与意见。

▲ 理性目标
取得对新装潢的意见。

▲ 体验目的
开启大家的想象，开始凝聚对新装潢的共识。

→ 提示
即便客观性问题要求运用想象力，也还是属于客观性问题。这个讨论要合并左脑与右脑的反应。它必须以较轻松的方式引导。如果给人压迫感，就会妨碍参与者的直觉反应。讨论的带领者要肯定每个响应。

→ 其他可应用的情境
这类讨论可用在计划年度会议、研讨会或庆祝会的布置上。

↘ 讨论内容

开场说明
我们小组负责与每个部门讨论对新装潢的想法。我相信各位对办公空间的运用有许多想法。现在请各位闭上眼睛，在心里想象一个你想要的办公环境。请继续闭着眼睛，告诉我你心里看到的是什么。

客观性问题
- 你看到什么？
- 看到哪些颜色？

> 单元 B
> 有关筹备与策划的讨论

- 看到哪些形状?
- 听到哪些声音?
- 在你心里出现了什么景象?
- 墙上的景象如何?
- 有哪些颜色的油漆?
- 还有哪些你看到或感受到的?

反映性问题

现在请睁开眼睛。

- 我们刚刚在描述时,你对这个新办公空间有什么感觉?
- 新的办公空间跟现在办公室的感觉相比,有什么不同?
- 造成不同感觉的原因在哪里?
- 哪些旧装潢中让你觉得失败的部分已经不存在?
- 新装潢如何增添你的想象力?
- 新装潢如何使工作更容易?是什么原因让它更容易?

诠释性问题

- 从大家刚刚的描述中,你听到哪些新装潢的设计?
- 我们希望的改变是什么?
- 有哪些是我们希望保留的?

决定性问题

- 我们对于新装潢的设计有什么重要建议?
- 有哪个东西不能出现在新设计中?
- 有哪个东西一定要放在新设计中?

结语

这真是一个很棒的讨论!我们会整合你们与其他团队的想法反馈给主管。谢谢你们的想法与时间。

学 问

B15 选定大会主题

→ **情境**

你正负责引导一个团队计划该组织的年度大会。

▲ **理性目标**

寻找对大会最有帮助的主题。

▲ **体验目的**

创造兴奋、激励的团队感受。

→ **提示**

在设计这个讨论时，对于每一种要提出的说明与指示都要三思。团队需要从一个清楚的指令开始。

进行到决定性层次时，引导者要让讨论朝做出实际选择的方向进行。这意味着除了做出选择，还要找方法以尝试结合不同的想法。这会造成一些混乱，但很有成效。创造大会主题是这个讨论的"高峰"。它用富有诗意的方式表达出共识。大会主题要传达的不仅是大会中将讨论的议题本身，还要传达创造经验的本质、议题的急迫性及对与会者可能带来的益处。

→ **其他可应用的情境**

这类讨论对于挑选杂志或刊物的主题也有帮助。

讨论内容

开场说明

我们被选定要负责计划年度大会。在这次的讨论里面，我们要集中注意力，选出最适合今年大会的主题。

客观性问题

- 有哪些计划已经在进行了？

- 我们想要或期望谁来参加大会？
- 目前大家热衷讨论的都是些什么议题？
- 在这些议题中，他们目前关切的是什么？

反映性问题
- 在以前的大会里，什么样的议题可以成功地吸引大家的注意力？
- 大家一向避免的议题是什么？
- 大家从过去的大会中能获得什么？
- 最热门的议题是什么？最冷门的呢？

诠释性问题
- 大家在这次大会中想要、期望或需要得到的是什么？
- 讨论至此，就你听来最适合的议题有哪些？我希望可以列举三到五个供大家继续讨论。我们每个人都先列出自己的清单，之后再请几位分享。（几分钟时间让每个人各自进行。）

让我们听听麦可的清单内容。（把内容写在挂起来的大白纸上。）

我们再听听其他人的清单内容。（把他们的答案加在大白纸上。）

- 请看一看这些议题。获得相关的信息与讨论这些议题，会如何让与会者获益良多？
- 能吸引人们投入并真正进行创意与创新思考的议题有哪些？

决定性问题
- 根据今天的讨论，我们建议把什么作为大会的焦点？
- 我们要推荐的大会主题是什么？
- 为了让我们的工作继续推进，我们需要进行的下一步是什么？任务如何分配？会议日期如何安排？

结语

感谢各位的洞见。我们下周会做更多与主题相关的活动，同时与各位确认初步的计划。

B16　设计客户服务手册

→ **情境**

由于客户服务的电话、传真数量与网络业务急速大量增加，客户服务部门的工作量已经超过它能承载的能力上限。在大量信息未能回复之下，公司开始收到客户抱怨。因此，公司需要将新的客户服务流程放在手册中供服务人员实时参考。主管为此召开部门会议，开始讨论该手册的内容。

▲ **理性目标**

通过员工的反馈意见更好地了解新形势下所需要的响应，以及因此了解新手册中应涵盖什么内容。

▲ **体验目的**

减轻客户服务人员的压力，将员工的经验做最佳运用。

→ **提示**

记得指派人员做讨论的记录。

→ **其他可应用的情境**

这类讨论可用在其他操作手册的撰写上。

讨论内容

开场说明

今天中午召集大家延长午休时间，想要利用这段时间请各位就本部门在通信上的问题提出意见，同时也要谈谈新的客户服务手册中应包含什么内容。谢谢各位为这件事抽出时间。

客观性问题

- 最近有哪些客户服务的经验让你觉得我们需要一套新的手册？

- 我们最近客户服务所面临的新情况是什么?
- 哪些方面的情况让我们越来越难以快速响应客户的要求?

反映性问题

- 在处理客户服务方面的事情时,什么让你觉得惊讶?
- 哪部分让你觉得最费力?
- 关于我们所面临的新挑战,你觉得最有意思的是什么?

诠释性问题

- 我们需要哪些新流程?
- 旧手册中未涵盖的部分有哪些?
- 新手册中需要哪些新的章节或标题?

决定性问题

- 在座的有哪一位曾有过撰写客户服务流程的经验?我们是否应该从外面雇用专业人员来撰写?
- 还有谁需要参加这个小组?
- 什么时候这个小组能够开始进行会议?

结语

再一次感谢大家抽出时间参加这次的讨论。我想这可以改善我们对客户的响应。在有需要时,我们会聘用临时人员来暂代手册撰写小组的工作。

学问

B17 启动营销规划流程

情境

营销团队一起到某个远离办公室的地方开会以制订未来三年的计划。首先,团队要先进行一次讨论,反省一下过去三年的营销方案。

理性目标

检视过去营销上的成功与失败,以此作为展望未来的基础。

体验目的

肯定过去三年所做的,为团队的学习庆贺。

提示

在诠释性层次问到有关学习的部分时,很容易得到模糊笼统的答案,要进一步追问以尽量得到具体的答案。如果有人回答:"我学到了团队合作。"你就要继续接着问下去,例如:"具体而言你学到了什么?""你现在知道了团队合作的什么?""你在什么情况或事件中学到这一点?"

其他可应用的情境

这类讨论可用在反省任何以时间为基础的努力成果上,如每季的业务会议或年度策略计划。

↘ 讨论内容

开场说明

我们受命要在三年后达到 Z 点。我们用这个周末的时间来计划要如何达成。首先,我们要反省过去三年的经验,看看有哪些事情做对了,有哪些错误可以让我们学习,同时也要为我们团队庆祝一下。

▶ 单元 B
有关筹备与策划的讨论

客观性问题

- 你还记得过去三年所做的哪些活动？
- 我们一起合作过的人或客户有谁？
- 我们最大胆的行动是什么？
- 我们过去三年最成功的营销是什么？
- 我们原本认为会失败，但最后成功的是什么？

反映性问题

- 哪些事情最有趣？
- 什么时候我们感到生机勃勃？
- 我们在哪里感到最艰难？
- 在什么问题上感到艰难？
- 最吸引人的是什么？

诠释性问题

- 哪些进行得很顺利？为什么顺利？
- 哪些进行得不顺利？为什么不顺利？
- 我们从过去三年营销的过程中学到什么？
- 关于营销的趋势，我们学到什么？
- 关于团队合作，我们学到什么？

决定性问题

- 就刚才的讨论听来，在我们进行计划时，有哪些议题是需要努力探讨的？
- 哪个营销领域最需要我们的创意？
- 我们会面临的新挑战是什么？
- 在我们做计划的过程中，有哪一两个难题或谜题必须解开？

结语

这是个富有挑战性的讨论。我相信它已经让我们心理上准备好去做计划了。

B18 准备新产品上市的策略性报告

情境

团队花很长时间准备了一个试验性的新产品。他们相信他们做出来的产品很卓越，希望公司能奖赏他们的努力。他们即将在下星期的某个会议中向经营管理委员会介绍这个产品。整个团队现在要一起准备如何应对反对意见与问题。

理性目标

发现与预测经营管理委员会可能提出的反对意见与可能探究的问题。

体验目的

借由"读取委员会的心思"给予团队所需要的洞见、信心与意图，以做出一流的演示。

提示

此讨论的重心在反映性问题上。在这个范例中，客观性问题只是用来让小组暖身的方式。记得要指派两个人为讨论做记录。如果记录员可以把个别的反对意见写在 A5 的卡片上，在接下来的讨论中就能很容易将答案分类成群组。

其他可应用的情境

这类讨论对于投标准备也很有帮助。

讨论内容

开场说明

下星期一我们就要向管理委员会介绍新产品。经过过去一年的努力，我们自然想看到产品上市。但要做好一流的演示，我们需要事先思考管理委员会对此产品可能提出的问题、反对意见与批评。接着，我们就可以练习自问自答，以及练习响应反对意见。思考过如何处理可能的反对意见之后，我们可以将其打散成小单元进行演示的准备。最后，我们再来讨论如何整合全部的内容以给他们带来震撼。

单元 B
有关筹备与策划的讨论

客观性问题

首先，我们自己先来回顾产品的特色。

- 这个产品在设计上有什么创新的想法？
- 这个产品可以做什么？
- 这个产品不能做什么？
- 这个产品用了什么材料？
- 我们克服了产品的哪些缺陷？
- 这个产品与其他竞争品牌有何不同？
- 我们拥有哪些关于这个产品的市场资料？
- 我们预测的利润有多少？

反映性问题

- 将自己放进管理委员会的思维当中。当他们看到新产品时，心中想的会是什么？

当我们在讨论的时候，请两位伙伴记录我们的对话内容。

- 他们会有什么联想？（这个像不像我们在 1985 年的失败产品？）
- 他们会想要询问哪些具体的问题？
- 你可以听到他们提出哪些具体的反对意见？
- 他们会在发展产品的过程中放进什么阻碍？
- 现在进到更深的层次：他们还会想出哪些细微的问题、反对意见或阻碍？
- 回想你刚刚听到的反对意见，有哪些让你汗毛直竖或真的指出了产品的弱点？

诠释性问题

- 到目前为止你所听到的问题、反对意见或阻碍中，有哪些最需要小心响应？
- 哪些问题会比较容易回答？
- 要整理与响应以上所提到的这些内容，接下来几天我们需要做什么？

学问

决定性问题
- 对于我们要如何进行,你有什么建议?

结语

我们从讨论中获得的比想象的多,这表示我们可以准备得更好。这也让我们站在非常有利的位置。我们先休息一下,接下来拟定一个计划,以确保我们能够回答所有在产品介绍中提出来的问题。

单元 C

有关教练与辅导的讨论

> 传统组织的设计是为了满足心理学家马斯洛（Abraham Maslow）所称的人类三种最基本的需求：食物、住所和归属感……管理的发展也会持续下去，直到组织能够满足更高层次的需求：自尊与自我实现。
> ——彼得·圣吉等所著的《第五项修炼》（*The Fifth Discipline*）一书中引述威廉·奥布兰（William O'Brien，汉诺瓦保险公司前任执行长）之言

许多人将教练（Coaching）与辅导（Mentoring）两个词交互使用。在某些组织内，这两种角色被视为一种专业，只有专业人士能够担任。但无论在什么样的职位上工作，每个人或多或少都需要担任教练他人的角色。当一个组织肯定并且培育教练功能，并让组织内所有成员都能执行这个功能时，教练就会成为经营高效能工作团队的利器。

柯斯达形容辅导的功能远远超过只是给予好的建议：

> 辅导……包含引导他人开发内心已经存有的潜能并提升他们的意识，让他们体察我们彼此的关联与共有的责任……辅导者本身必须体现他们所传授的技能。关系并非一种操控……而是一种共享的热忱、尊重和对创意精神的深厚情感。（摘自柯斯达 *Working Wisdom* 一书，第167页。）

此单元中有许多范例，意在为身为主管的读者提供另一种参考，而非只是仅有将下属叫进办公室斥责他所犯下的错误这种选择。当然，还是有员工和经理让人看不出来求进步的意愿。与这样的人对话时，往往需要直接处理对方所犯的错

学 问

误并厘清有哪些选择。但大部分的情况都与专业上的成长有关，而非与工作纪律有关，下属的成长应是下属和主管双方共有的挑战。在上述奥布兰的话中，权威性的指令所带来的服从是为了求安全感，它在马斯洛的需求层级上低于在彼此尊重的气氛中赋予学习的能力。在后者的情况下，焦点讨论法是提升责任感的好工具。

本单元列出12种教练或辅导过程中常见的谈话范例，分别为：

C1．教练一位同事

C2．讨论工作职责

C3．向培训师反馈意见

C4．和员工讨论确实负责的问题

C5．讨论一系列的工作标准

C6．自我思索困难的情境

C7．辅导经历家庭危机的员工（范例1）

C8．辅导经历家庭危机的员工（范例2）

C9．察访新员工工作情况

C10．化解长久以来的误解

C11．回应针对个人的抱怨

C12．安抚一位生气的顾客

在教练的情境中，领导者需要让提问充分发挥它的效用。重点在于探索问题形成的客观原因，并了解需要做些什么来解决问题。

在许多这一类的对话中，最好在一开始就说明对话的目的不是指责，不是找替罪羊，而是希望从中找到对问题的结构性解决方法。当有人开始指责时，谈话焦点就会偏离而不再聚焦在如何解决问题上。

对许多人来说，有机会说明他们的情况，让第三者听到他们的想法，就足够让他们厘清自己的状况并向前迈进了，这是所谓的间接式教练。如果被教练的同事对于谈论自己面对的问题没有太多的保留，就可以快速进行至诠释性和决定性的层次。当然，在对任何决定进行讨论之前，必须尽量听对方谈完自己的心声。

适当的气氛和无预设立场的态度也是进行教练式谈话时的关键。如果对话的领导者一心想要责怪对方，或者不想聆听，只想纠正对方，双方就无法互相了解。

▶ 单元 C
有关教练与辅导的讨论

进行辅导的人要先把这样的情绪排除在外,或者延后讨论的时间点,才不会有失于客观性。

扮演教练角色的经理人,需要细心安排进行这类对话的场所。可以在较为不正式的休闲场合,如在沙发上进行,或者安排正式一点,如在办公桌旁进行。在对方的办公室还是你的办公室进行,也是必须考虑的重点。需要在对话前思考不同场所会创造的效果。对某些人来说,请他们到你的办公室听起来像发生了严重的问题。对方当时的心境与当时的情况都有可能促成这样的印象。

在对话过程中要觉察自己内心的反应。如果你觉得自己开始要反驳或自我辩解,请在心理上向后退一步。此时让对方感受到你真的在听更为重要,稍后你会有时间表达自己的看法。以平等的态度讨论问题将使问题更容易得到解决。

在进行大多数这种类型的对话时,你需要在各个层次中挑选出最适合当时情境的问题。不要让对方感觉你是在调查或讯问他。一开始时就说明这次对话的目的非常重要,否则有些人会认为你是来刺探其工作内容的,有些人会认为你是为解雇他来找理由的。当然,也有人会很乐意和你讨论自己的工作内容。

本单元的对话范例可作为你进行教练和辅导的初步模型,它也能作为合伙组织内经常进行的对话的前导。有些对话用于处理同事之间的问题,例如"回应针对个人的抱怨"或"化解长久以来的误解"。决定开启这样的对话需要很大的勇气,但得到的回报也可能很大。

学问

C1 教练一位同事

→ **情境**

在工作上我们偶尔需要一点协助,只是有时候未察觉自己有此需要,或者觉得有此需要时难以启齿。这次的对象是一位调动到另一个团队进行合作项目的同事,但目前合作进行得并不顺利,该同事遇到了困难。

▲ **理性目标**

提出有帮助的问题以暴露目前的情况,以及你可以如何帮助他。

▲ **体验目的**

让这位同事感觉他可以放开心胸,当需要帮助的时候就寻求帮助。

→ **提示**

对有些人来说,只要有机会谈谈现在的情况,就足够厘清情况至能够向前迈进的程度。这是一种间接式的教练。如果这位同事对谈论自己所遭遇到的问题与寻求帮助没有问题,你的提问就可以直接些,快速进行到诠释性与决定性层次。

对话永远要先从对方不需要你教练的观点出发,等待对方自行述说他所面临的挫折或困难。

→ **其他可应用的情境**

这种教练式对话与在任何环境中排解疑难的对话类似。

↳ **讨论内容**

开场说明

我记得几天前你曾经提到过你要加入合作项目,我很有兴趣知道它的进展如何。你愿不愿意谈一谈?

单元 C
有关教练与辅导的讨论

客观性问题
- 你现在正负责处理的是什么问题?
- 你在项目内担任什么角色?
- 还有谁在项目小组内?
- 他们各在进行哪些工作?
- 你的技能和时间在项目中是如何运用的?

反映性问题
- 整个项目的气氛如何,是兴奋还是挫折?
- 导致这样的原因可能是什么?

诠释性问题
- 哪里需要突破?
- 什么才能让这个项目继续进行下去?
- 你可能会如何帮助他们?
- 他们还可以尝试哪些其他的做法?

决定性问题
- 你认为自己会需要什么样的资源?
- 你下一步准备怎么做?
- 我可以怎样帮助你?

结语

你处理的是个很有意思的问题。如果有任何我可以帮助你的地方,请告诉我。我想如果你去和_____谈谈,可能会很有帮助。

学 问

C2 讨论工作职责

→ **情境**

会计部门的主管发现许多员工最近常常加班,做些和他们的工作范围不直接相关的工作。这位主管决定和每位员工谈谈,以了解整个情况。希望通过这些对话能够让工作范围与责任的分配更合理。

▲ **理性目标**

通过和员工进行一对一的对话,以厘清员工的工作内容,让大家的责任分配得更好。

▲ **体验目的**

让员工感受到来自团队的肯定与支持。

→ **提示**

有些人可能会对这些问题产生防卫性反应,有些人则可能很愿意讨论自己的工作内容。因此,一开始就说明为什么你要提出这些问题是非常重要的。厘清个人的角色时,有时候可以省略决定性问题,因为可能不需要做出决定。

→ **其他可应用的情境**

这些问题经过稍微的调整,就可以用在和一年内的新员工每三个月一次的对话中,以了解他们的工作状况与工作上的需要。

↘ 讨论内容

开场说明

我发现你现在执行了很多额外的重要任务,你最近常常加班。你介不介意我问你几个问题,让我更了解你目前所扮演的角色的全貌吧?

客观性问题

- 目前你所有要执行的工作是什么?

- 哪些耗费你最多的时间?
- 你做的工作中,有哪些是其他人需要依赖你的?
- 有哪些你在进行的工作是别人所不知道的?

反映性问题
- 你真正喜欢做的工作有哪些?
- 你的工作中有哪些让你觉得负担很大?
- 哪些工作让你觉得不受肯定?
- 在这些方面你觉得自己需要什么?

诠释性问题
- 你会如何描述你的工作的重要性?
- 你会如何形容自己在这个部门所扮演的角色?
- 在自言自语时,你如何形容自己角色的重要性?
- 你认为在自己的工作内容中,哪些对你或对这个部门是不恰当的?

决定性问题
- 你会怎么形容你真正的工作职责?
- 我们应该如何在你所扮演的这个角色上支持你?

结语

我们的讨论让我更了解也更感谢你的工作,同时也更了解如何支持你。非常感谢你。我会再和其他同事讨论工作量的议题,之后可能会修正一下工作的处理方式,或者重新评估你的工作内容。

学问

C3 向培训师反馈意见

→ **情境**

一家培训公司的经理发现学员对自己某两位培训师所引导的课程有负面的评价。这些评价的内容相当严重，需要立即处理。这位经理需要让培训师知道他们的课程遭到了相当严重的抱怨，但是她同时希望他们能够从中学习，将来也还能与他们继续合作。

▲ **理性目标**

和培训师分享学员的评价，听听他们的反馈，讨论情况可以怎么处理。

▲ **体验目的**

希望他们能够体验到责任感与受到肯定，将批评视为学习和成长的机会。

→ **提示**

反映性问题给予了这两位培训师机会，让他们认识到课程进行得并不顺利，也让他们能谈谈对问题的亲身体会。如果他们没有直接认识到课程的问题，那么可能需要提出更多反映性问题。无法认识问题的所在，就无法从中学习。

→ **其他可应用的情境**

这类对话可以用在主管对员工就较为敏感的话题给予反馈意见的场合。

讨论内容

开场说明

你们好！很高兴两位都有空来参加这次的会议。我们从上次两位引导的课程中收到了一些负面的评价，所以我想要和两位一起看一下学员所填的课程反馈意见表，讨论当时的情形，看看有什么不同的处理方法。我已经复印了两份给你们。

客观性问题

- 从这些反馈意见中，你们看到学员对你们的课程与教学有什么评价？

反映性问题

- 你们一看到这些评价时，最直接的反应是什么？
- 课程中哪些特定事件或情况可能引发他们的这些评价？
- 课程结束时你们对课程有什么感觉？
- 你对当时的情况有什么想法？

诠释性问题

- 哪些批评是清晰且一针见血的？
- 哪些批评是不公平的？可以再多说一点吗？
- 学员从这门课程中真正学习到的是什么？
- 我们从这些反馈中得到什么想法能够在未来运用？
- 我们从这次的情况中获得哪些心得？

决定性问题

- 下一次你们教这门课程时会有什么不同的做法？

结语

这次的讨论让我能够看到你们的努力，也知道了如何支持你们。每个人都会犯错或失误，但更严重的问题是无法从错误中学习。两位参与这次讨论已经使课程成为很好的学习经验。谢谢你们的真诚分享。我很期待后续的合作。

学 问

C4 和员工讨论确实负责的问题

→ **情境**

有一位主管发现他的某位员工在工作上效率很低,常常延误完成日期。这位主管设计了这次的对话。

▲ **理性目标**

让员工意识到问题的严重性,听听这位员工的说法并计划好后续要采取的行动。

▲ **体验目的**

让这位员工承诺要改变,为自己的行动负责。

→ **提示**

这次对话可能需要拆成两部分。第一部分的对话是进行资料的收集,目的是让主管了解问题的症结所在。第二部分的对话由主管说明工作职责,再讨论职责要求,以便让这位员工同意达成工作职责要求的标准。

→ **其他可应用的情境**

另一种做法是在最后一个诠释性问题后结束讨论,接着由主管提出特别为这位员工所制定的工作标准,请这位员工仔细阅读。一个星期之后,主管再邀请员工进行另一次对话,以听取这位员工对工作标准的反馈意见。(请参考 C5 "讨论一系列的工作标准"。)

↘ 讨论内容

开场说明

你在工作上总是延误完成日期让我非常担心。我收到了一些对你工作质量的抱怨。我想要了解你的情况,然后我们一起好好处理它。

客观性问题

- 关于你最近工作上发生的事情,有什么是你可以跟我提一下的?

> 单元 C
> **有关教练与辅导的讨论**

- 你错过的交期有哪些?
- 最近有什么成功完成的事项?
- 从你的角度来说,情况是什么?

反映性问题
- 你对你做的工作感觉如何?
- 对你来说最困难的是什么?
- 什么地方让你感受到压力或挫折?

诠释性问题
- 你认为你遇到的困难背后有什么潜在的问题?
- 你注意到其他人是如何处理这些困难的?
- 我们有哪些实际的做法可以帮助你准时完成你的工作?

决定性问题
- 你我各可以做些什么以确保你的工作有效地完成?
- 我们需要进行的第一步是什么?

结语

我觉得这些做法可行。谢谢你!如果你再次遇到困难,请来找我。我们来一起想想该怎么办。

学问

C5 讨论一系列的工作标准

→ **情境**

某位员工的工作表现不佳，总是延误完成日期。主管与这位员工认真讨论过后制定了一份标准，以厘清工作上对质量的要求。这位员工研读了这份工作标准，几天之后主管安排了这次的对话，让员工就标准提出反馈并同意遵循这份标准。

▲ **理性目标**

回答所有对这份工作标准的问题，并且厘清哪些地方员工必须改变以提高工作绩效。

▲ **体验目的**

员工认同这份工作标准并对自己承诺，愿意负起遵循这份工作标准的责任。

→ **提示**

你需要员工积极参与思考工作标准的内容。员工对于修改内容的建议可以稍后再作考虑。这份工作标准应该被视为实验性的做法，看看主管与员工双方是否都能够同意它。

→ **其他可应用的情境**

这次对话可以衔接自 C4 "和员工讨论确实负责的问题"的对话。

讨论内容

开场说明

从我们上一次的对话中，我们发现大多数的问题之所以会出现，是因为对你工作上的期望表达得不够清楚，所以我拟定了上周给你的这份工作标准。那时候我们都认为再找机会一起讨论一下这份标准，对我们都有帮助。我把这份标准再复印一份给你。

客观性问题

- 哪些字或词引起你的注意？

▶ 单元 C
有关教练与辅导的讨论

- 哪些标准看起来很醒目?
- 哪些很清楚?
- 哪些不清楚?

反映性问题
- 你觉得哪些标准对你最有帮助?
- 哪些对你而言比较困扰?
- 哪些看起来最困难? 为什么?
- 达到哪些标准对你来说似乎轻而易举?

诠释性问题
- 你从这些标准中得到什么信息?
- 你需要做出什么样的改变, 才能达到这些工作标准?
- 你从这些标准中看到什么价值?
- 有哪些标准是你认为不能忍受的? 为什么不能?

决定性问题
- 我们必须对这份标准做出什么样的修改(如果有的话), 你才能实际执行?
- 什么样的支持与协助对你会有帮助?
- 我们下次什么时候碰面以了解进行得如何?

结语
我觉得这次的讨论结果让事情有了一个很大的进展。谢谢你! 任何时候有问题, 请来找我。

C6 自我思索困难的情境

→ 情境
你的两位下属分别来找你讨论他们两个人之间目前的争执,希望你能介入。你想用一段时间思考自己该如何回应,所以这段讨论是身为主管的你在脑海中进行的自我对话。

▲ 理性目标
观察、判断、衡量整体情况,以决定该如何回应。

▲ 体验目的
找回勇气,以具有建设性、无防卫性的方式来介入这场纷争。

→ 提示
脑海中的自我对话过程很容易跑题,让对话变得非常迂回曲折。记录下每个问题的答案将有助于凝聚你的注意力。你可以稍后再把笔记销毁。

→ 其他可应用的情境
这种自我反省的对话在思考复杂的决定时很有帮助。

↘ 讨论内容

开场说明

我要停止这样绕圈圈的思考方式,一步一步地思考。

客观性问题

- 对这个情况,我知道哪些事实?
- 哪些过去的事情与现在的情况有关?
- 两方分别说了些什么?

反映性问题

- 我对这件事的直觉反应是什么?

- 令我害怕的是什么？为什么？

诠释性问题

- 我的选择有哪些？
- 每种选择的优缺点是什么？
- 需要秉持的重要价值观是什么？

决定性问题

- 我会怎么做？
- 我需要核实的是什么？
- 我该怎么对他们说？
- 我的第一个步骤是什么？

结语

不管这个过程如何痛苦，我们都必须公平地处理。

学问

C7 辅导经历家庭危机的员工（范例1）

→ **情境**

与你开会的这位员工，他的某位家人一直以来都需要间歇性医疗照护，而且无法预估发生的时间与频率。

▲ **理性目标**

思考让这位员工兼顾工作与家人紧急需要的其他工作模式，也让他了解公司内外可以提供的协助。

▲ **体验目的**

让这位员工感受到他在处理工作与家庭问题上被支持。

→ **提示**

这是双方提供彼此信息的对话。

将眼前的压力缓解之后，员工可以比原先预期的承担得更多，或者可以更快回到工作岗位上。

你可以加进其他的问题，以得到更充分的信息或更多的做法。这位员工或许可以在家中处理一些工作，或者在办公室处理一些家务。但是在讨论之前，不要先做这一方面的假设。你自己也必须清楚公司处理这方面情况的政策是什么。

→ **其他可应用的情境**

员工遇到短期的身心障碍时，也可以运用这样的对话。

↳ 讨论内容

开场说明

我想要谈谈你母亲的情况。我了解她可能在任何时候有突发状况，需要你的照顾。所以我想和你讨论一些可以让你做好自己的工作，同时也能有效照顾她的需要的方式。首先我要让你知道，我们会尽我们所能来帮助你。（此时你需要清楚

> 单元 C
> 有关教练与辅导的讨论

说明公司处理这类情况的政策或做法。）所以让我们讨论一下目前的状况，也看看我们可以做哪些调整。

客观性问题

- 真正的情况是什么？（了解病情的细节，以及员工必须要处理或关照的情况。）
- 目前你的家人或朋友给予你什么样的支持？
- 你已经开始安排哪些支持措施？或者你正考虑要怎么安排？

反映性问题

- 你以前是否曾经必须要处理类似的情况？
- 你是否认识曾经有过类似情况的人？
- 你调适得怎么样？
- 对你来说，最难的地方在哪里？
- 比较容易处理的是哪些部分？

诠释性问题

- 现阶段对你来说，最大的压力点在哪里？
- 从长期的角度来看，让你担心的是什么？
- 由于你在很短的时间内就必须调整自己去适应新的生活，这会如何影响你的工作？
- 我们可以做出什么改变来应对这些需要？
- 长远来看，你认为这会如何影响你的工作？
- 为了长期应对这个问题，我们还需要考虑哪些替代做法？
- 你知道有哪些社区支持服务可以帮助你处理这些需要长期面对的问题？

决定性问题

- 接下来的一两个礼拜，我们应该做什么？
- 我们如何开始执行这个新的工作方式？
- 我们下次应该什么时候再讨论？

学 问

结语

让我们稍微整理一下。我们同意要……（列出你们已经决定要做的事，以及由谁执行。）

我们也同意在（某个时间）再讨论。

如果情况有变化请让我知道，我们再讨论如何应对。

▶ 单元 C
有关教练与辅导的讨论

> **! 引导者可铭记在心的几个重点**
>
> **引导者的责任**
>
> 依照计划进行讨论与完全担负起讨论进行的责任，两者是不同的。照本宣科地念事先准备好的问题清单只会帮倒忙，没有人喜欢被如同机器人般地对待。
>
> 引导者不能只是制订一个引导讨论的计划，然后就像自动驾驶般地照计划进行，而是必须再多做一点。有效讨论的关键是在问题与答案之间做好拿捏。讨论到一半时，或许你会发现事先准备的问题并不适用，为某个层次所准备的问题可能不够引起足够的讨论，提问的语调可能太正式等。此时，自己稍微即兴反应一下，会有助于你自己发明新的问题，跳开旧有的问题，或者以不同的语调提问。这表示你必须努力去理解发言的内容，以及在当下思考能让大家更深入探索意义的新问题。

C8 辅导经历家庭危机的员工（范例2）

→ **情境**

这类对话的内容会因为这是短期危机（家人死亡或严重的短期健康问题）还是长期危机（罹患阿尔茨海默病而经常走失的年老家人，或者罹患晚期重症的家人）而不同。这个范例可作为短期危机的参考。

与你讨论的这位员工的配偶忽然因心脏病发作而送入医院，可能需要进行重大的心脏手术。

▲ **理性目标**

决定工作上如何调整才能帮助这位员工解决家庭中的危机，或者暂时缓解她的压力，并且让她知道公司内外有什么样的服务可以帮助她。

▲ **体验目的**

让这位员工知道大家的关心，也让她知道这次危机不会威胁到她的工作。

→ **提示**

当员工遭逢这类突发的紧急危机时，最常出现的反应就是假设最坏的状况会发生，也就是他们必须离职来处理这件事情。你要尽量收集关于整个情况与关于该员工处理能力的客观信息，以找出让该员工处理危机的同时也能继续工作的可能情境与做法。

通过这样的讨论，教练和员工启动了一个程序并形成了一种伙伴关系以处理这次危机。这可能需要多次的会晤讨论。教练必须有心理准备，时时了解情况，推动这个过程继续下去。表面上处理一下的做法对情况没有太大帮助，也不尊重员工。

→ **其他可应用的情境**

这类对话可以在调整后运用于员工出现重大意外或生重病的情况上。

↳ **讨论内容**

开场说明

我想讨论一下你先生的状况。我了解他病得很重，你需要更多一点时间来陪

> 单元 C
> 有关教练与辅导的讨论

伴你的家人。我想了解一下，看看在这段时间里我们能够如何帮助你渡过难关。我希望你知道我们会尽力帮助你，让你能尽量照顾你的家人。(此时你需要清楚说明公司处理这类情况的政策或做法。)

客观性问题

- 让我们谈谈你的情况。你的先生生了什么病？
- 他大概需要多久的时间才能康复？
- 目前你的家庭成员给予了你什么样的帮助？

反映性问题

- 你是否曾经处理过类似这样的情况？
- 对你来说最难处理的是什么？

诠释性问题

- 现阶段对你来说，最大的压力点在哪里？
- 从长期的角度来看，你最担心的是什么？
- 由于你在很短的时间内就必须调整自己去适应新的生活，这会如何影响你的工作？
- 短期内有哪些事情可以让别人做，以减轻你的压力？
- 要长期因应这个问题，你还考虑哪些替代做法？
- 你知道有哪些社区支持服务可以帮助你处理这些需要长期面对的问题？

决定性问题

- 接下来的一两个星期，我们应该采取的下一步是什么？
- 我们如何开始采取这个新的工作方式？
- 我们下次应该什么时候再讨论？

结语

让我们稍微整理一下我们同意的事项。我来写下我们已经决定要做的事，以及由谁要去做(列一个清单)。我们也同意在(某个时间)再讨论。如果情况有变化请让我知道，我们再讨论如何应对。

学问

C9 察访新员工工作情况

→ **情境**

当新员工工作一段时间之后，通常在试用期中的某个时间点或试用期结束时，主管可与员工进行一次谈话。这样做对于引导他表达对工作的看法，以及找到提升工作效能的方式，是很有帮助的。

▲ **理性目标**

了解新员工在工作上的情况。

▲ **体验目的**

体察他工作初期的经验与难处，并协助他解决困难。

→ **提示**

在对话进行的过程中，你在每个层次大概只能选出最适合提出的问题，否则这位员工可能会有被质问的感觉。

→ **其他可应用的情境**

类似的谈话在稍作问题上的调整后，即可应用在与一年以内的新员工每三个月进行一次的讨论中，以了解他们的情形如何，以及有什么需要。此谈话经过调整，也可以运用于老师与学生之间。

讨论内容

开场说明

在我担任主管的工作中，包括与新员工谈话，以了解你们的情形如何，以及确定你是否能获得你所需要的支持。所以请告诉我任何你的想法，或许我们都能从中有所学习。

客观性问题

- 从你开始在这里工作之后,你参与了哪些工作?
- 谁和你一起共事,以及你和他们一起做什么工作?

反映性问题

- 你最喜欢做的是什么?还有呢?为什么?
- 最不喜欢做的是什么?为什么?
- 你做的工作中,哪些会让你觉得骄傲?
- 开始这份工作之前,你的期待是什么?
- 在这里工作,让你喜欢的是什么?
- 让你感到困难的是什么?
- 哪些时候你觉得不够被肯定?

诠释性问题

- 到目前为止,你从这份工作中学到了什么?
- 哪些地方是你仍然很难了解的?
- 在做这份工作期间,你对自己有哪些新的了解?

决定性问题

- 在接下来的几个月当中,你的工作目标是什么?
- 哪些支持可以帮助你实现这些目标?
- 如果你需要帮助或需要建议,你觉得可以找谁?
- 你希望多一点这样的对话,还是少一点?

结语

谢谢你抽出时间和提出意见。这个对话很有用。任何时候你想要谈些什么,请不要犹豫,尽量来找我。

学问

C10 化解长久以来的误解

→ **情境**
一年以前,公司进行了一次原本是反种族歧视的培训课程,但这次课程引发了公司内两个不同种族的严重误会。从那时候起,双方都觉得困惑与受伤,也不知道该如何处理这样的状况。

▲ **理性目标**
双方对问题达成共同的了解。

▲ **体验目的**
治疗伤害,创造出下一步行动。

→ **提示**
这类的对话需要很大的弹性。它很难按照你事先规划的模式进行,所以要准备很多问题,以应对各种可能的响应。

→ **其他可应用的情境**
这类谈话也适用于处理不同团队或部门之间的紧张关系,或者其他冲突的情形。

↘ 讨论内容

开场说明

我之所以要召开这次会议,是因为我对于如何消除公司内部发生的误会感到困惑。我一直以来都害怕我试图帮助大家的做法会造成大家的误解。我们这次要讨论的问题相当困难,所以需要先建立一些讨论的基本原则。我们会以一种通过提问而自然展开对话的方式来进行讨论。接下来这一点很重要:如果你不同意某人说的话,也要先听他们说完。我们要让每一个人的发言都不被打断。我们也要尽量就现在状况的每一个层面听到最多的观点。我们最后的结论不会刚好和某个个人的想法完全一样，但会包含每一个人的智慧在里面。除了以上这些，要让大家都参与的话，还有什么基本原则是我们所需要的？

客观性问题

- 你第一次注意到事情不对劲是在什么场合？
- 当时发生了什么事？
- 当时你听到别人说了什么话？让我们从尽量多的角度来收集资料。可能大家听到的东西都不一样。

反映性问题

- 在这种情况中让你最心烦的是什么？
- 什么对你造成的困扰最少？
- 这种情况触动了你哪些过去的经验？
- 你现在对这件事的反应是什么？
- 哪些他人的反应让你感到惊讶？为什么？

诠释性问题

- 你觉得这件事背后隐含了什么信息？
- 你真正想说的是什么？
- 你觉得其他人真正想说的是什么？为什么？
- 你从这当中学到了什么？

决定性问题

- 我们该做些什么以解决这样的情况？
- 我们的下一步是什么？每个人都请说说看？

结语

误会的发生是很平常的事。将其澄清并让大家都愿意负起责任是很重要且要去做的事情。

C11 回应针对个人的抱怨

→ **情境**

办公室有人写信向老板投诉，信中满满是对你的抱怨。老板给了你一份复印件。你决定和写这封信的人谈谈。

▲ **理性目标**

弄清楚为何事情会这样。

▲ **体验目的**

治疗所受的创伤。

→ **提示**

进行这类对话时很难保持客观。想象自己是个外来的引导者，把要问的问题都列在白纸上可能会容易一些。不过最好在一开始时就取得对方的同意，再运用这种方法来保持客观。

→ **其他可应用的情境**

这类对话也适用于其他严重争吵后一对一化解冲突的情境。

↳ **讨论内容**

开场说明

刚刚老板给我看了你写给他的关于我的信。我们可不可以一起谈谈这件事？我觉得受到了伤害，也想了解出了什么问题。

客观性问题

- 这是这封信的复印件。这封信真的是你写的吗？
- 是什么促使你写这封信？

反映性问题

- 你在写这封信时出于什么样的心境？
- 你认为它带给了我什么感受？

诠释性问题

- 你写这封信是想达成什么？
- 这件事背后隐含了哪些我们双方都需要处理的问题？

决定性问题

- 从现在开始，我们应该有什么样的不同做法？

结语

让我们写下我们做的决定，然后两人都签名。

❗ 引导者可铭记在心的几个重点

相信眼前的团队就是最适合的团队

如果引导者无法信任团队，这种不信任感会从小细节中透露出来。引导者会在接受答案上有所迟疑，也不会花时间请参与者澄清模糊的答案。他会盲目地接受所有的答案，反正都不重要。或者引导者会仓促地走完这四个层次的讨论，只想快点结束，让他可以去和"聪明一点"的人讨论可以接受的答案。任何团队在被轻视或不被尊重时，都会很快察觉，之后他们再也不会真正信任这位引导者。

引导者必须信任团队，特别是不容易做到的时候更应该如此。为了帮助自己做到这点，有一位引导者发明了一句祈祷语，在开始团队工作之前重复默念："此时此刻在这里的这群人就是最适合处理这个议题的团队。这个团队具备处理他们所面对的议题所需要的智慧。他们正在对的时机处理正确的议题。"他觉得这样做对自己帮助很大。

学问

C12 安抚一位生气的顾客

→ **情境**

有一位顾客对于你公司所提供的服务感到非常生气，而且正把气发泄在你身上。

▲ **理性目标**

安抚这位顾客，了解问题所在，并让顾客满意。

▲ **体验目的**

让这位顾客感觉自己的抱怨被听到也被处理。

→ **提示**

第一步是试着安抚顾客，让他知道你晓得他愤怒，你愿意听他的故事，并且想跟他一起找到解决的方法。当顾客了解这一点之后，你就可以开始提出客观性问题，这个层次的问题也具有安抚的功能。

→ **其他可应用的情境**

这类对话也适用于组织内部，如对员工气愤申诉时的安抚。

讨论内容

开场说明

我知道你很生气。我很想了解问题是什么，以便将问题处理到能让你满意的结果。

客观性问题

- 所以，请告诉我发生了什么事？

反映性问题

- 这给你带来什么样的困难？

诠释性问题

- 在这个时间点上，你希望我们帮你做什么样的处理？

> 单元 C
> 有关教练与辅导的讨论

决定性问题

- 我了解了，您希望第一是_____，第二是_____，对不对？
- 您希望我们最先采取的步骤是什么？第二步呢？
- 这个处理的方向符合您的意思吗？
- 还有什么是我们需要做的？

结语

很感谢您让我们知道这件事。我们会尽我们所能用能让您满意的方式处理这个问题。

! 引导者可铭记在心的几个重点

第一个问题让全体轮流回答。

让每个人都回答第一个问题通常对讨论的进行会很有帮助。它是破冰的一种做法。把第一个问题设计得简单些，让每个人回答时都不会有困难。若第一个问题是："当你阅读这份报告时，哪些句子吸引你的注意？"你可以用这种方式提问："第一个问题我们从罗夫开始，大家照着座次轮流回答。罗夫，这份报告中哪些句子吸引你的注意？"等到罗夫回答后，目光看向下一位参与者，等候对方回答。大家的回答要一个接一个顺着下去，回答内容要简短，避免有人想要出风头或发表长篇大论。告诉大家稍后会有更多时间让大家响应和提出建议。如果你发现有人可能因为怕说错话而保持安静，你可以说："这次的讨论没有答案会是错误的答案。"

单元 D
有关诠释信息的讨论

> 才华横溢的年代，黑暗的时刻
> 事实如流星落下，宛若天际的雨
> 就留在那，毫无质疑、毫无整理
> 智慧　足以治疗余等之病态
> 它每日旋转如纺锭，纺车却不存在
> 编织从何而来
> ——诗人埃德娜·文森特·米莱（Edna St.Vincent Millay）的诗歌《猎人，猎物是什么？》（Huntsman, What Quarry?）

读者将会在此单元阅读到下列讨论范例。

D1. 诠释故事

D2. 分享文章

D3. 讨论培训用影片

D4. 讨论刚刚看完的电影

D5. 评估社会趋势

D6. 讨论新闻

D7. 思考组织的改变

D8. 评估采购提案

D9. 针对顾客需求设计服务方案

D10. 诠释系统稽核的结果

D11. 分析预算绩效

▶ 单元 D
有关诠释信息的讨论

D12．回顾一次混乱的会议
D13．思考新的政府法规对产品带来的影响
D14．讨论部门重组的提案

米莱的诗歌对这个年代形容特别贴切，"事实的雨"天天都淋在我们身上。我们渴望有人帮我们全面整理这些事实，将它们编织成完整的知识和智慧的布。这就是诠释的功能，它帮助我们了解周遭发生的事物，让决策从重要且富有意义的背景脉络而来，而非仅来自直觉、不经思考的反应。诠释的能力为我们的存在带来意义，让我们看到周遭事物的发展模式，如此我们才能了解所见所闻之事的内涵。

此单元内某些讨论的范例乍看之下不像适用于职场的讨论，如 D1 的"诠释故事"。故事不是给学校儿童听的吗？把故事让给学校与儿童是很可惜的事情，因为故事对成人也是非常具有影响力的。想象某个工作团队因为可能无法完成困难的任务而陷入绝望，该团队的主管绞尽脑汁想要让大家振奋起来。他想起约瑟夫·坎贝尔（Joseph Campbell）书籍中的一个故事。他决定告诉他的团队这个故事，并带领大家从这个故事中反思。从讨论之中，大家了解了故事所要传达的信息并将它应用在自身的情境中。大家因此受到激励，静静地站起来回到工作岗位上继续努力。如同这个例子一般，故事可以间接地帮助团队脱离困境。附录 D 所叙述的故事以神话为架构，隐喻人生的经验。这类故事能收到非常有力的效果。

同样，针对趋势或新闻事件的对话，好像属于社会科学家的讨论，而非职场中的讨论。然而，想象某个营销团队正在规划新的策略。这个团队的主管看到早上报纸里的一则新闻似乎意味着新的市场变化。他剪下这则新闻报道，复印给大家，并引导大家进行了一次焦点讨论。这让这一天有了非常不一样的开始，也让团队能与市场保持同步。

关于新闻事件的对话可以在一年中的任何时间进行，也一定能让团队的工作跟上大环境的变动。一年当中总有两三次，历史的洪流会掷出让所有人哗然的事件——如对火星的探测、俄克拉荷马的炸弹攻击或社区内发生的"奇迹"。

我们在这个单元内收纳了对电影的讨论，因为有时同事们会在下班后一起去看电影。何不在看完电影后讨论一下？这有利于促进对彼此的了解。

单元中其他的讨论范例是设定于组织内的活动。重要的是，虽然这些讨论的重点在于诠释各种资料，仍应让客观性与反映性的层次发挥它们的功用。

学 问

D1 诠释故事

→ **情境**

许多人认为听故事是专属于儿童的活动，但这位团队主管知道不只是如此。她的团队刚刚失去一份重要的合同，成员都很沮丧，想放弃工作。她一直思考如何能改变大家对事情的看法，重振士气。在偶然之中，她读到一个与此情境间接相关的故事，并且决定要让大家听听这个故事。

▲ **理性目标**

了解故事象征上（或精神上）的含义。

▲ **体验目的**

让团队通过这故事间接反思自己的情况。

→ **提示**

阅读故事时，情感的表达越丰富越好。务必事先阅读一至二次。在故事的最后才透露故事的由来，效果会更好。

→ **其他可应用的情境**

适度调整问题的内容，这个讨论即可运用于学校、工作或家庭，反省各种故事或神话。

讨论内容

"五种武器王子的故事"（见附录 D）或其他具有启发性的故事。

开场说明

我这里有一个故事要和大家分享。这是我几天前看到的，我认为我们都该听听这个故事。有些人觉得故事只适合给小孩子听，我却觉得像这样的故事适合每一个人。这个故事叫作"五种武器王子"。请大家放轻松，聆听这个故事。或许它对我们现在面对的情况会带来一些启发。

▶ 单元 D
有关诠释信息的讨论

（说故事）

客观性问题

- 在刚刚的故事里，有什么字或词引起了你的注意？
- 你听到了故事中的哪些对白？
- 两位主角是谁？
- 故事的情节是什么？最开始发生什么事？然后呢？再然后呢？（持续到整个故事的主要情节都重述过后再停下来。）

反映性问题

- 这个故事引起你什么样的联想？
- 故事的哪些地方让你感到惊讶？
- 故事结束时你的感受是什么？

诠释性问题

- 对你来说，这个故事的意义是什么？
- 这个故事在你生命中的哪些时候也同样在发生？

决定性问题

- 如果你是故事中的旁观者，在一旁看着这故事的最后一幕发生，你会说什么？
- 这故事在告诉我们什么？
- 它告诉我们该做什么？要有何种态度？要知道些什么？

结语

听故事很有趣。它能通过令人惊讶和喜悦的方式帮助我们对生活有所学习。

学问

D2 分享文章

→ **情境**

某位团队成员在报纸上看到一篇很精彩的文章，提及这个团队所参与的项目。他把这篇文章剪下并复印给大家，希望大家讨论。在与团队主管确认之后，他带领了以下的讨论。

▲ **理性目标**

让团队听到这篇文章的重点。

▲ **体验目的**

将对这篇文章的心得应用于实际情况中。

→ **提示**

团队中的每个人手上都要有一份复印件可以随时参考，以让讨论达到最好的效果。是让整个团队一起朗读文章，还是让有时间准备的引导者朗读文章，是个见仁见智的问题。如果这是一篇富有戏剧性或富有诗意的文章，由引导者来朗读会比较好。

→ **其他可应用的情境**

这类讨论也可以如此应用：请每位团队成员写下一页有关某长期性议题的文章，然后大声朗读，再予以讨论。

讨论内容

开场说明

我最近在报纸上看到这篇文章，觉得大家可能有兴趣阅读。让我们来看看这篇文章在说些什么，然后来讨论一下。(把复印件传递给大家。)

客观性问题

- 你记得哪些字、词或语句？
- 哪些词句最能引起你的注意？

▶ 单元 D
有关诠释信息的讨论

反映性问题

- 在阅读文章的同时，你的脑海中浮现出什么样的画面？
- 你从文章的什么地方开始特别注意听？
- 你在聆听的时候有什么感觉？
- 对这篇文章，你最感同身受的是什么？
- 这篇文章的哪些地方让你觉得不自在？

诠释性问题

- 这篇文章有什么内涵？
- 这篇文章想要传达的思想是什么？
- 它对我们的工作有什么重要的意义？

决定性问题

- 你觉得还有谁需要听到这篇文章？为什么？
- 它启发我们应该做什么样的改变？
- 你会帮这篇文章定一个什么样的题目？

结语

真是很棒的讨论。很感谢有这个机会与大家共同分享对这篇文章的看法。

学 问

D3 讨论培训用影片

→ **情境**

整个团队刚刚观赏完一部培训影片，团队的主管要大家讨论从影片中得到的体验和学习。她已经准备好要引导讨论，也事先告知团队成员观赏影片之后要进行讨论。

▲ **理性目标**

了解影片的内容。

▲ **体验目的**

引导大家从讨论对影片的第一印象到讨论影片内容对工作之影响的真正对话。

→ **提示**

如果影片所呈现的内容相当复杂，建议花多一点时间在诠释性和决定性的层次上，也就是多设计两三个问题。

此外，尽量不要让讨论时间超过预计时间太久。如果大家的讨论真的很热烈，需要更多时间，一定要先征得大家的同意再延长时间。

→ **其他可应用的情境**

所有多媒体的播放，如促销影片、营销企划案影片等，都适用于这类讨论。

讨论内容

客观性问题

- 影片中有哪些影像仍然停留在你的脑海中？
- 哪些字眼或词句吸引你的注意力？
- 你注意到影片中的什么色彩？哪些声音？
- 真正吸引你目光的场景有哪些？
- 影片中有哪些角色？

▶ 单元 D
有关诠释信息的讨论

反映性问题

- 影片中哪些地方最能引起你的好奇心？
- 影片的哪里最让你投入？
- 哪些地方步调比较慢？
- 影片中的哪个地方让你联想到真实生活中的什么事件或经验？

诠释性问题

- 影片想要表达的重点是什么？
- 这部影片改变了你心目中哪些对事物的既定印象？
- 对你来说，影片传递了哪些非常重要的信息？
- 这部影片让你第一次学到的是什么？

决定性问题

- 具体而言，这部影片让你感到很有帮助的是什么？
- 哪些部分是你希望看得更仔细的？
- 你会帮这部影片取什么名字？

结语

能够在观看培训影片之后一起分享第一印象与各种想法，对我们是很有帮助的。让我们休息一下，11：00 再回来上课。

学 问

D4 讨论刚刚看完的电影

→ **情境**

这次公司的休闲活动是团队成员一起去看电影。在看完电影之后，大家一起去喝点东西，聊聊这部电影的内容。

▲ **理性目标**

收集每个人对这部电影的体验。

▲ **体验目的**

以趣味的方式探寻电影的意义。

→ **提示**

或许在提出"你对哪个角色感同身受"这个问题前，你可以先说"有一派心理学认为对这个问题回答的第一个答案从来都不是我们真正的答案"来引发更多的联想。以下这个问题："你在电影的哪里看到自己生活的投射？"是整个讨论的关键。如果你一开始得到的都只是开玩笑的答案，那么或许可以改为请每个人轮流回答。但态度上不能显得太认真，否则看起来好像你在责备开玩笑的行为。

→ **其他可应用的情境**

在一群人一起欣赏戏剧、芭蕾舞或交响乐演奏之后也可以运用类似的讨论。提出的问题在语言、动作或声音上要能反映该次体验的独特性。

↘ 讨论内容

开场说明

你我都知道，讨论电影的对话通常都是这样的："我很喜欢，你呢？""我一点也不喜欢，因为我很讨厌那个女演员。"这些评语固然对评论这部电影很重要，然而一个好的讨论电影的对话，可以大大超越喜欢或不喜欢的层次。所以让我们放轻松，嚼点爆米花，让回忆在整部电影中漫游。

▶ 单元 D
有关诠释信息的讨论

客观性问题
- 我们记得这部电影的哪一幕?
- 有哪些户外的片段? 哪些室内的片段?
- 你记得电影中的哪些物品?
- 记得出现过哪些噪声?
- 有哪些主要的角色?
- 电影里有哪些对白?
- 你看到电影里有哪些具有象征性的事物?

反映性问题
- 你喜欢哪个角色?
- 你讨厌哪个角色?
- 你在电影的哪里看到情绪?
- 看到电影的哪里时你感受到自己的情绪?
- 电影结束时你的心情如何?
- 你对哪个角色能够感同身受?
- 你不想感同身受却实实在在感同身受的是哪个角色?

诠释性问题
- 电影主角为之奋斗的是什么?
- 他如何奋斗?
- 这部电影真正在谈些什么?

决定性问题
- 如果由你来取名,你会帮这部电影取什么名字?
- 你在电影的哪里看到自己生活的投射?

结语

这部电影真精彩。从对电影的讨论能延伸到对生活的讨论,大家不觉得很有趣吗?

学问

D5 评估社会趋势

→ **情境**

管理团队决定在年初时（或者会计年度开始时）针对市场趋势和社会趋势进行一次讨论。

▲ **理性目标**

分享对于目前正在浮现的趋势的洞见，以及这些趋势对人们生活与工作的影响。

▲ **体验目的**

有创意地看到响应这些趋势的可能方法。

→ **提示**

提出第一个问题时，你需要事先想好两至三个事件当作例子。这些例子越具体越好，因为参与者在回答这个问题时，可能会模仿你的例子所使用的形式。

→ **其他可应用的情境**

这类讨论可用在讨论工作、营销、客户服务、制造、软件等的趋势上。

讨论内容

开场说明

有些专家认为趋势的形成是由下而上的，而且通常源自加州、加拿大卑诗省或其他主要的趋势中心，然后朝东移动。但我个人觉得趋势可由下而上、由上而下或由中间发展出来，而且可源自安大略省的南波卡派镇，或者源自世界上任何一个地方。所以我们不能只看人口统计学上的调查报告来观察趋势，还要观察经济、社会与政治事件。

如果说趋势是一个"走向"或"事件的串联"，那么单一的事件就不能形成趋势。你需要至少两个点来描绘出一个走向，需要至少两个事件来形成串联。所以

> 单元 D
> 有关诠释信息的讨论

在一开始你并不能确定你所看到的是不是一个趋势。

假设你在报纸上读到 85% 的高中毕业生在申请当地公司工作时无法通过基础能力的测试，这是一个事件，不是趋势。但假设在一年后，你又读到 90% 的学生无法通过同样的测试时，这看起来就像趋势了。所以让我们谈谈最近看到的趋势。

客观性问题

- 从过去一年的新闻报道中，我们知道了什么主要的事件？
- 你居住的小区里有哪些事件正在发生？

反映性问题

- 大家在喝咖啡或用餐时，都在谈论什么？
- 最近几天大家比较担心或关心的事情是什么？
- 社会中有哪些会让人（如小孩、上班族、老年人等）陷入危机的事情正在发生？
- 什么给了他们希望？

诠释性问题

- 你从刚刚的哪些讨论里听到了某种走向浮现出来？
- 我们把这种走向的名称叫作什么？
- 其他人从刚刚的哪些讨论里听到了另一种走向？
- 我们把这种走向的名称叫作什么？
- 有人听到其他走向吗？你会如何命名它？
- 选择其中的一种走向，说说它正如何改变我们的经济、政治形势或文化。

请另一位说说，再请另一位说说。

决定性问题

所以到目前为止，我们已经看出了社会的三种（可能更多或更少种）走向或三种趋势。

- 如果我们跳上了其中一种趋势的列车，让它带领我们到未来，结果会怎么样？
- 你会如何运用这些趋势里的机会，以有帮助的方式做出响应？

学 问

结语

受过教育的人的特点之一，是知晓当代的迹象并做出响应。想要保持对我们所生存时代的敏感度的话，这正是我们需要持续进行的非正式对话。

▶ 单元 D
有关诠释信息的讨论

> **❗ 引导者可铭记在心的几个重点**
>
> **庆祝团队的成果**
>
> 我们因赞美与肯定而备受鼓舞。借由肯定人们的贡献,鼓励人们更为投入。运用每次可能的机会肯定正面的参与。当有人提出想法时,接受并感谢。当小组进行报告时,鼓励大家拍手也是很好的方法。找出适合该团队庆祝成就的方式。在活动结束时,让大家有机会思考自己的进步和庆祝自己的成果。

学 问

D6 讨论新闻

→ **情境**

某个团队或董事会决定在开会前先谈论最近的时事。

▲ **理性目标**

为该组织工作或计划过程构建背景脉络。

▲ **体验目的**

象征该组织响应时代的转变。

→ **提示**

如果需要的话，让大家轮流回答第一个问题。将第一个问题的回答记录下来，这样一来你才能将大家提供的新闻事件念给他们听。另外，重要的是选择复杂度足够的新闻事件以进行讨论。（小心那些耸人听闻的标题。）

→ **其他可应用的情境**

请参考范例"D5 评估社会趋势"。

讨论内容

开场说明

让我们用几分钟时间来讨论一下世界上最近发生的事情，作为我们今天会议的开场。我们来谈一谈新闻。我所说的"新闻"并不一定指媒体上报道的新闻。我们每天通过媒体接触到大量的新闻报道，但其中很少是真的新闻事件，也就是它的内容并不"新"。大部分的新闻事件都是一再重复发生的旧事，而且数量如此之多，以致新闻其实应该改名叫作"旧闻"。但还是有一些新闻事件指出了某些基本的事物已经改变了，而我们也必须随之改变。所以让我们来分享一下，有哪些最近听到的新闻揭示了真正新的事物。

▶ 单元 D
有关诠释信息的讨论

客观性问题
- 过去几个星期中，有什么新闻让你感到震惊？（记下笔记。）
- 现在，我要把刚刚大家所分享的新闻事件念一遍，接着我要邀请大家从中选出一个我们大家都觉得最大的新闻。（将大家提供的新闻事件念过一遍。）
- 这些事件中，哪个是如此富有戏剧性，足以影响我们大家？（听取 2~3 个答案，从其中挑选一个够新、够复杂到足以进行一个好的讨论的事件。）
- 好，谁可以告诉我们更多关于这个事件的细节？

反映性问题
- 你觉得这个事件如何影响你？

诠释性问题
- 这个事件为我们身处的这个时代传达出什么样的信息？
- 这个事件质疑了什么旧的形象？
- 这个事件在呼唤什么新的形象？

决定性问题
- 这个事件和它传达的信息如何让我们得到新的观点和采取不同的做法？

结语
历史事件永远挑战我们对世界的印象并改变我们对生活的看法。

学问

D7 思考组织的改变

→ **情境**

在组织与企业这个社会领域中,改变是持续的。如果组织期望能够保持它的优势,那么充分掌握当前的变化与发展是非常重要的课题。数十种杂志、书籍和电视节目致力于报道这类新闻。因此,讨论组织世界中正面临的变化对于计划与管理的会议是很有价值的准备工作。

▲ **理性目标**

厘清各种组织及经营环境正在发生的改变。

▲ **体验目的**

就我们的使命、经营哲学与价值观而言,判断哪些变化与我们组织的工作有关。

→ **提示**

引导者需要把大家对第一个问题的回答记录下来,以便作为决定讨论哪个议题时的参考。

→ **其他可应用的情境**

讨论管理风格或组织文化正在进行的变化时也能运用类似的讨论。

↳ 讨论内容

开场说明

大家一起来谈谈现今各类组织与企业所发生的事情,这对筹备我们的计划会议很有帮助。这些事情会直接与间接影响我们与我们的工作。随时掌握组织的变化并有意识地让这些变化影响我们的组织,是学习型组织需要的。

客观性问题

- 最近你读过哪些和组织相关的新闻标题?

> 单元 D
> 有关诠释信息的讨论

- 该领域的哪些文章或报道吸引了你的注意力？
- 它们在描述什么事件？
- 你读到了哪些变化？
- 该领域中还有什么吸引了你的注意力？

反映性问题

- 这些事件中有哪些把你吓呆了或让你感到震惊？
- 哪些听起来像好消息？
- 哪些让你想说"真希望我们试试看那个"？

诠释性问题

- 在这些报道中，有什么听起来真的既新且重要？（记录下来，并回去念给大家听。）
- 这些变化对于社会整体会有什么样的影响？
- 它们又会如何影响我们的组织？
- 在这些变化或新的事物中，有哪些符合我们组织的使命与经营哲学？
- 哪些不符合？

决定性问题

- 这个领域中的哪些发展是我们需要随时注意的？
- 这些变化需要组织做出什么新的响应？
- 我们应该做些什么以便让我们的组织能够吸收或拒绝这些变化？

结语

我们组织所处的世界正在发生的事情，是身处学习型组织的我们所需要随时掌握的环境背景，如此我们才能跟上世界的脚步。

学 问

D8 评估采购提案

→ **情境**

某公司寄送了一部影片给你，介绍他们最热门的新产品。你聚集了一群同事共同观赏这部影片。看完以后，你邀请大家留下几分钟来讨论一下。

▲ **理性目标**

详细讨论对于这个产品的意见。

▲ **体验目的**

决定是否建议购买此产品。

→ **提示**

讨论开始之前，团队领导者应该收集更多关于该产品的信息以处理影片中没有涵盖的问题。

→ **其他可应用的情境**

这类讨论可用在检视外包厂商的投标与演示上。

讨论内容

开场说明

OPQ 公司的业务代表留下了这部影片让我们参考。影片中介绍了他们公司销售的办公室设备，让我们决定这是否符合我们的需要。我想在下星期二给对方一个答复，所以让我们一起来观看这部影片，然后讨论一下。

客观性问题

- 你记得影片中的哪些场景？
- 你记得哪些字或哪些词？
- 我们刚刚看到的产品名称是什么？

> 单元 D
> 有关诠释信息的讨论

- 有关这个产品，你注意到了什么？
- 它能做什么？
- 它是如何做到的？
- 它做不到的是什么？
- 关于购买与操作的成本，我们获得了什么信息？
- 这部影片还提供了哪些关于这个产品的客观资料？

反映性问题

- 这个产品有什么让你感到惊讶？
- 对于产品介绍的内容你喜欢的是什么？
- 不喜欢的是什么？
- 哪里让你觉得担心？

诠释性问题

- 购买这个产品的优势是什么？
- 我们可以如何使用它？
- 它会帮我们做什么？
- 购买这个产品后的劣势是什么？
- 它有什么缺点？

决定性问题

- 在我们决定是否建议购买之前，还有哪些问题是我们想要得到答案的？
- 对这个产品，你建议我们应该怎么做？

结语

我会把大家的建议呈报给主管。我非常感谢大家花时间观赏影片与提供想法。谢谢！

学 问

D9 针对顾客需求设计服务方案

→ **情境**
有人来电询问咨询服务。你和这位客户开始了一段对话，以了解他的需要。

▲ **理性目标**
详细了解为什么这位潜在客户会考虑你的咨询服务，包括背后隐藏的特定目的。

▲ **体验目的**
让这位潜在客户相信你非常重视他，也让他知道你可以帮助他。

→ **提示**
重点是让对方谈谈他们在过去对类似情况的处理方式，然后你可以强调新的信息，而不是只将对方已经知道的事情再重复一次。

→ **其他可应用的情境**
这类对话在与疑难解答、销售、系统诊断相关的各种场合也非常适用。

↘ 讨论内容

开场说明
谢谢您的来电。我能帮助您做什么？
这听起来很有趣。在我做出建议之前，可不可以先请问您几个问题？

客观性问题
- 您是不是可以再详细说明一下您目前面临的问题？
- 哪些人受到这个问题的影响？

反映性问题
- 过去您经历过哪些类似这样的情况？
- 过去您如何处理这类情况？

- 当时大家对结果感觉如何？
- 您当时的想法是什么？
- 这次您最关切的是什么？

诠释性问题

- 这次您想用哪类方法？
- 您期待什么样的成果？
- 这样的成果对未来有什么影响？
- 还有谁会受到此次决策的影响？
- 有谁会参与这次决策？

决定性问题

- 如果要简短描述你的需求，您会怎么说？

结语

对于这件事情，我已经有了初步的想法。我们可以现在就开始讨论，也可以另外安排时间来谈谈，看您的时间允许。

学问

D10 诠释系统稽核的结果

→ 情境

在年度系统稽核之后,一系列关于质量管理的建议送到了各个部门。你的下属需要了解这些建议与被要求改善的内容。

▲ 理性目标

了解这份建议的内容以及当中涉及的改变。

▲ 体验目的

让团队就这些建议达成协议,了解建议中包含的可能性与限制,将它应用到自己的工作上,不要感觉这是一种牺牲。

→ 提示

在提出反映性问题时,如果在进行了三个问题之后,就发现这个层次的目的已经达到了,即可省略剩下的全部或接近全部的反映性问题,直接进入下一个层次。问题是引导大家进入更深层讨论的工具,而不必像捻念珠一样必须一个一个捻下去。

→ 其他可应用的情境

这类讨论可应用于反省对整个团队有影响的文件,如即将通过的法案、报告、媒体报道等。

↘ 讨论内容

开场说明

讨论稽核人员的建议的过程可能让大家忐忑不安,所以,我们处理这些建议的方式十分重要。让我们从客观的事实开始,先看看建议是什么。

客观性问题

- 当你阅读这份文件时,你看到哪些明确的建议?

> 单元 D
有关诠释信息的讨论

- 还有哪些其他的建议？
- 还有什么是我们忽略的？
- 有哪些地方是你想要知道更多信息的？

反映性问题

- 如果我们要用颜色来标示重点，哪些重点你会将其画上代表危险的红色？
- 哪些你会画上代表可以进行的绿色？
- 哪些你会画上代表需要进一步厘清的灰色？
- 哪些地方让你感到惊讶？
- 哪些是我们高兴看到的？
- 哪些让你感到疑惑？
- 哪些是你觉得必须要但并不喜欢的？

诠释性问题

- 试着揣摩撰写这些建议的稽核人员的想法。你认为他们为什么会做出这些建议？
- 哪些建议的影响最大？
- 哪些建议的影响最小？
- 总体来说，这些建议会给组织带来什么样的不同？
- 对现在在这个会议室里的我们会带来什么样的不同？

决定性问题

- 对于这些建议，我们需要做什么？
- 我们采取的第一步是什么？
- 若要给这套建议一个名称，我们该如何命名？

结语

我想我们已经协助彼此了解了这份文件的内容以及它对我们的意义。我们已经思考如何应对这些新的标准了。

学问

D11 分析预算绩效

情境

身为经理的你和会计师坐下来开会，讨论本季的预算，以便为财务会议做准备。在这次的讨论中，你们双方都会回答每个问题。所以你们两人不但都是提出问题的人，也都是回答问题的人。

理性目标

按照年度预算来评估目前的财务状况与现金流量表的变量，各自分享对于过去这一季的观察。

体验目的

感受对于预算的实际期待。

提示

除了列出预算中的数字，列出成功的因素或对于预算的假设都能帮助讨论进行。

其他可应用的情境

这类讨论也可用于部门、经营团队或财务相关部门讨论预算。

↳ 讨论内容

开场说明

让我们来看看手边的这些数字，将它们与我们先前所估计的预算做个比较。

客观性问题

- 在查看整体的现金流量表时，哪些数字引起了你的注意？
- 收入里面最大的变量是什么，是向上调整了还是向下调整了？
- 支出项目中最大的金额是什么？
- 哪些数字符合我们的目标？

▶ 单元 D
有关诠释信息的讨论

- 哪些预估得来的数字必须再检查？

反映性问题

- 哪些数字让我们满意？
- 哪些引起我们的关心？
- 哪些让我们惊讶？
- 就过去这一季的经验来看，哪些是我们担心的？
- 我们感觉在财务上有哪些突破？

诠释性问题

- 现在让我们看一看收入中比较高的数字，是什么因素让它们变得较高？
- 现在看一看收入中比较低的数字，让它们比较低的因素又是什么？
- 现在让我们讨论一下支出。是什么因素让这些支出变高？是什么因素让那些支出变低？
- 就整个季度来看，我们的表现如何？
- 对于整体运营的健全来说，这些信息告诉了我们什么？

决定性问题

- 这些信息隐含的影响是什么？
- 下个季度需要做怎样的调整？
- 如果我们现在就开始执行，什么行动会带来很大的改变？

结语

我们在财务会议中报告时会用到这次讨论所记下来的笔记。

学问

D12 回顾一次混乱的会议

→ **情境**

值班经理刚刚开完一次有关全面质量改善活动的会议。其中有些同事在回答问题时推托其辞，其他人则是放声大笑，但又不说明是什么好笑。这位经理决定在第二天把部分同事召集回来，讨论会议中发生的情况。

▲ **理性目标**

弄清楚实际发生了什么事情。

▲ **体验目的**

表达对先前会议的尊重，找出需要处理的议题。

→ **提示**

领导者必须如实说明当时所看到团队内的混乱状态，并表明自己是好奇而不是生气，只是希望通过对话来满足自己的好奇心，也假设大家有同样的感受。

→ **其他可应用的情境**

当计划会议完全失常或办公室气氛受到一系列谣言的毒害时，也可以运用此类讨论。

↳ 讨论内容

开场说明

我决定请各位今天早上聚在一起来讨论一下昨天下午的会议。昨天晚上我生平第一次睡不着觉，一直试着猜想昨天的会议中到底发生了什么事。最后唯一能让我入睡的方法，就是决定请大家今天早上来把事情弄清楚。让我们从回想客观发生的事情开始，请各位脑海中想象自己正看着或听着昨天会议的回放录像或录音。

> 单元 D
> 有关诠释信息的讨论

客观性问题
- 在昨天的会议中我们谈到了哪些主题?
- 我们讨论了哪些事情?
- 在会议中,大家还看到或听到了什么,如动作、私底下的讨论、笑声等?

反映性问题
- 对于大家在会议中的反应,什么让你感到惊讶?
- 会议中什么时候你感到烦躁或不安?
- 是什么让你有这样的感受?

诠释性问题
- 这次的会议有什么成果?
- 还没有完成的是什么?
- 会议中到底发生了什么事?我想要听到至少三种不同的诠释,请大家稍微想一想。
- 我们来听听看,请大家说说当时发生了什么事?
- 再请另一位说说看,会议中发生了什么事?
- 再请另外一位回答。
- 还有谁还没回答过这个问题?你从这三种看法中听到了什么?
- 请哪位总结一下你所听到的。

决定性问题
- 就这种情况,我们应该做些什么?
- 我们首先需要采取的三个步骤会是什么?

结语

我们或许还没有完全掌握到底发生了什么事,但已经有点概念了。感谢各位腾出时间来讨论。我会把今天的讨论结果记录下来并发给各位。

学 问

D13 思考新的政府法规对产品带来的影响

→ 情境

政府刚刚对某产品可容忍的公差规格公布了一套新的法规。一群经理人、设计师和制造商坐下来讨论新法规对产品的影响。

▲ 理性目标

客观地了解新法规的内容，判断新法规对产品的影响，辨识出在新法规规定之下运作应该采取的前几个步骤。

▲ 体验目的

度过恐惧、惊慌、气愤等第一时间的反应，以接受现实并开始采取行动。

→ 提示

不要期待这次讨论能形成完整的行动方案。这次讨论可以做到的是借由获取利益相关者的意见，启动能让产品符合新法规的程序。程序之后可能需要很多偏重技术层面的报告。

→ 其他可应用的情境

这类讨论也可用于判断市场趋势对产品的影响。

↳ 讨论内容

开场说明

谢谢大家在这么紧急的通知下赶来参加这次会议。我想我们最好即刻开始讨论，看看新法规对我们的产品有什么影响，然后一起决定如何应变。请大家用大约20分钟的时间熟悉新法规的内容。如有需要请尽量在纸上做笔记，不必客气。

客观性问题

- （时间到以后）让我们开始讨论。哪些和我们产品相关的规定引起了你的

> 单元 D
> 有关诠释信息的讨论

注意？

- 你还注意到其他哪些规定？

反映性问题

- 什么规定让你觉得自己的脸快要垮下来了？为什么？
- 从这些新的规定中，你看到了什么新的契机？请再多说一点。

诠释性问题

- 这些规定让你最关切的是什么？
- 新规定对我们的产品有哪些特定的影响？
- 以后我们有哪些做法需要改变？
- 我们需要做怎样的研究或测试？
- 这对我们接下来几个月/几个星期有什么影响？

决定性问题

- 我们一开始需要采取哪些步骤来应对这所有的状况？
- 我们这群人什么时候需要再会面？
- 在那之前需要完成什么？
- 我们需要做什么功课？
- 由谁负责下次会议的各项具体准备工作？

结语

这次讨论的帮助很大。我们还需要听取工程师的一些技术报告，但并没有什么大问题需要处理。谢谢大家抽出时间参与讨论。期待下次（约好的会面日期）再见！

学 问

D14 讨论部门重组的提案

→ **情境**

你的组织中有一个部门必须进行重组以提供新的服务。部门内已经有特别任务小组拟好了提案，现在是让整个部门查看这份提案以提供意见的时候了。为了进行这次讨论，部门内所有人，每 7~8 人为一组，每个小组都进行本范例的讨论。

▲ **理性目标**

辨识出大家有共识的地方以及需要处理的问题。

▲ **体验目的**

就这份会影响大家的提案感受到深度的倾听。

→ **提示**

要让大家把注意力聚焦在客观性问题上可能会相当困难。这时你必须让大家专注在提案所实际表达的内容上。当提案的内容影响到大家的工作时，反映性层次是关键。一定要让大家分享正面和负面的反应，这有助于大家度过表面的抱怨。在决定性层次上，可能会有人提出只为保护其既有角色的意见。你可能需要提出更多的问题，以鼓励大家为整体负起责任。

→ **其他可应用的情境**

这类讨论也可用在协助处理企业并购或缩减预算的情况中。

↘ **讨论内容**

开场说明

我们都听说了这份提案，也都很想知道它会如何影响我们。现在我们有机会可以表达意见，以找出处理新任务的最好方法。请大家用几分钟的时间浏览这份提案，然后我们再来进行讨论。

> 单元 D
> 有关诠释信息的讨论

客观性问题

- 当你在看这份提案时，有什么字或词跳出来引起你的注意？
- 主要的标题是什么？
- 提案内有哪些主要的想法？
- 它还提议了哪些其他的事情？

反映性问题

- 提案的哪里让你感到兴奋？
- 哪里让你感到焦虑或不自在？
- 提案中让你感到最困难的是什么？

诠释性问题

- 提案中所描述的部门需要哪些新的角色？
- 你看到提案的哪些好处？
- 这份提案对于部门提供了什么机会？对员工呢？
- 你觉得这份提案所秉持的价值观是什么？
- 提案中未秉持的价值观是什么？

决定性问题

- 你希望在哪些主要的领域里看到更多的工作被完成？
- 你的建议是什么？
- 你愿意为提案中的哪部分做出贡献？

结语

这真是一次生动的讨论，我们提出了一些很有创意的想法。我们会把今天的讨论记录交给撰写提案的小组，等他们修改完后再把新的提案带回来给我们。如果各位还有其他的建议，请写下来交给我。

单元 E

有关决策的讨论

> 人产生了想法自然就会想要沟通、记录、叙述、实现。想法就如同草，渴望光、喜欢热闹、交叉授粉才会茂盛、越被践踏长得就越好。
>
> ——厄休拉·勒·奎恩（Ursula Le Guin，科幻作家）

许多与决策相关的讨论的重点在于帮助团队厘清价值观，以创造在决策时所需的筛选标准。这个过程就如同大家一起创造出通往共同决策方向的舵。本单元包含以下讨论范例。

E1．帮助一位同事思考以做出决定

E2．在团队中分配任务

E3．决定工作的优先级

E4．讨论同事对某个策略文件的反应

E5．化解团队在决策上面临的困难

E6．决定参加商务展览的策略

E7．重新架构团队的使命

E8．执行新的董事会政策

E9．决定计划的优先级

E10．为重要的项目评估工作设定委托评估范围

E11．编制年度预算

E12．处理与工作环境有关的议题

E13．重新调整办公室的工作规范

单元 E
有关决策的讨论

　　这类讨论帮助团队在需要完成的事情上达成共识。决策与观察、判断、衡量、决定、执行有关。团队可能在这个过程中的任何一个阶段被卡住：收集多于实际需要的资料或花太多时间判断与衡量，导致决策不断延后。团队也可能走过场式地完成这个过程，做出决策却完全不执行。引导者必须察觉这些倾向，特别在该决策是攸关在场每个人生计的困难决策时。

　　当议题非常复杂且庞大时，可能需要进行多次讨论。例如，让一个任务小组做某项特别的工作，再把他们的建议带回来给大家。举例来说，在"为重要的项目评估工作设定委托评估范围"这个讨论范例里，仅仅靠讨论本身是无法拟出权限的。范例中的讨论所做的是找出要完成什么才能拟出权限。另外，"决定计划的优先级"这个讨论范例是非常长的讨论，且十分复杂，所以不要用这种讨论来启动你的计划。之后，当进行后续讨论会有帮助的时候，也要非常审慎准备。

　　这些讨论可以变得非常热烈，但你也可能因此必须积极介入以预防争吵发生。如果讨论过程允许争吵，而引导者却让某些人的发言不算数，大家会觉得氛围不安全，之后就不会以开放的心态参与讨论。引导者必须完全中立（视每个意见同样重要），并且积极保护讨论的流程。有时有人会喜欢当受害者以责怪他人，而不愿意对发生的情况负责。这样的欲望可能让他们停止参与，甚至试图破坏讨论过程。这时引导者必须保持尊重且坚定。让团队做出某种程度的决定极其重要，即使那个决定只是定出之后何时再继续完成这个讨论。

学 问

E1 帮助一位同事思考以做出决定

情境

有一位同事告诉你他正面临相当困难的决定。他不知道该怎么办,非常苦恼,希望有人可以帮他做决定。他希望你能帮助他。

理性目标

帮助他一步一步思考问题。

体验目的

让这位朋友感受到他自己有力量评估不同的做法与做出决定。

提示

这件事看起来很简单,其实不然。大胆做出决定有可能是极其困难的一件事。这场讨论可能比较像为这位同事而进行的资料收集或观点收集的活动,真正的决定可能不会一下子就浮现出来。这位同事需要的可能是被理解、被了解及厘清后果。你要决定什么时候结束自己所扮演的角色。提问时不要过于正式,采用平常一对一谈话的方式。比方说,提问客观性问题时,你可以说:"告诉我发生了什么事?哦,我知道了,原来是这样。不过我不太了解……你是说发生了这样的事吗?嗯……照这样听来,你说这件事有这几个要素……有没有我漏掉的?"

其他可应用的情境

这类讨论也可用于求职咨询,或者协助同事处理道德或财务上的问题。

↘ 讨论内容

开场说明

我们来谈谈这件事吧,老乔。现在我有点时间。这样吧,我们去喝杯咖啡,看看能不能把它整个好好地谈一谈。

► 单元 E
有关决策的讨论

客观性问题
- 关于你要做的这项决定，有哪些背景事实？
- 你会如何形容这个问题和相关的情况？
- 这个问题有哪些不同的层面？

反映性问题
- 在这上面你面临什么样的要求和压力？
- 是什么让你做这个决定如此困难？
- 身处这样的情况，你是什么心情？

诠释性问题
- 你有哪些可能的选择可以应对这种情况？
- 在做决定时你想要把握住的价值观是什么？
- 让我们先从第一个选择开始谈。它的优点是什么？缺点是什么？
- 那么第二个选择的优点是什么？缺点是什么？
- 你还希望探讨其他哪些选择？
- 让我们看看你的选择是否能够真正处理你所面临的情况？
- 你对它成功的期望是什么？能够成功处理你的情况吗？

决定性问题
- 这个决定对你的生命会有什么样的影响？
- 有什么后果是你需要预作准备的？
- 要将其实现，你的第一步是什么？

结语

这真是个很困难的决定。你大概永远不会知道这是不是"正确的决定"。唯一知道的是，已经到了必须做出一个诚实决定的时刻。你也考虑了不同的选择，现在是时候做出决定了。我想你在这当中表现出了真正的勇气。

193

学问

E2 在团队中分配任务

→ **情境**

你的团队已经拟定好一个新项目所需要的任务和角色，现在你已经准备好要指派任务。每个人手边的工作都已经很多，而且过去分配任务的过程进行得并不好。

▲ **理性目标**

做出一套好的任务分配。

▲ **体验目的**

在不强加不公平加班或额外压力的前提下，确定这次的任务分配能够将工作完成。

→ **提示**

让每个人都能针对整个项目发展出工作模式，是这个流程最有力量之处。这让每个人都要努力从整体进行思考，而不是仅思考与自己职责相关的方面。

→ **其他可应用的情境**

这类讨论也可用于发展任何模式或情境上。

讨论内容

开场说明

我们目前已经安排好这个新项目所要做的工作，接下来我们要来看看我们如何把自己组织起来才能将这些工作完成。过去我们尝试了几种不同的做法，但结果都带来额外的压力与加班。这一次希望能够在我们的时间范围内将这个工作完成，而且不干扰到手边的工作。所以我们会考虑所有可能的做法，再从中选出我们认为可行的方案。

客观性问题

- 好，我们先来看看我们的任务表，眼前这个项目包括了哪些不同的部分？

▶ 单元 E
有关决策的讨论

- 哪些任务需要花最多的时间？
- 我们有哪些其他已经在做而且必须同时进行的任务？

反映性问题

- 过去我们是如何分配任务的？
- 有哪些地方做得不错？
- 过程中哪里让你有挫折感？

诠释性问题

- 对于将我们的团队组织起来以完成项目这件事情上，我们学到了些什么？
- 我们可运用哪些标准来分配这个项目的工作？
- 我们需要哪些其他的信息？

把大家分成三个跨领域的小组，让每个小组很快地设计出一个"如何完成项目工作"及"谁来做"的工作模式。

半小时后，引导者将大家叫回来。

- 好，请每个小组说明你们想出来的工作模式。A 组？对于 A 组的工作模式有什么问题需要厘清的？我们再来听听 B 组的……
- 这三个工作模式中，什么特别引人注目？
- 这几个工作模式有哪些关联或共同要素？
- 主要的不同在哪里？
- 这些工作模式会带来的影响是什么？
- 从这些工作模式中，你看出了哪些成功的要素？

决定性问题

让我们把这些成功要素放在一起，结合成共同的解决方案。（把各部分都列在挂起来的大白纸上。）

- 我们还需要做出哪些调整才能确保我们的成功？
- 我们的下一步是什么？

学 问

结语

对于大家一起建立模式来说，这是很好的经验，让我们看见身为团队在分配任务上带给我们的弹性，也让我们在公平的任务分配之下将工作完成。

> ▶ 单元 E
> 有关决策的讨论

> **!** 引导者可铭记在心的几个重点

在脑海中预演这场讨论

在你创造出了讨论要进行的方式后，回头再度检视一下要提出的问题，向自己提问看看。感受这些问题给你的感觉，询问自己会如何回答。这让你能够从参与者的角度看这些问题。回答之后，你大概会想："我要修改这个问题，我真正想要问的不是这个。"借由自行预演讨论，你会知道哪些地方比较薄弱，要在讨论开始前就进行处理。有些问题必须修改得简单一点；有些需要适时地加入一些子问题；有些听起来可能太正式。每次修改后，想象参与者会有什么样的感觉。将写有这些问题的报事贴在四个层次的表格栏位中移动，以找到最好的顺序。最有帮助的做法是想象讨论是个流动的过程，而不是一套步骤。思考每个问题的连贯性，从一个进入到另一个，帮助团队体验到密合不中断的讨论，在其中大家的回答就如同意识的串流一般。

真正需要的问题

每场讨论都有几百个可以提出的问题。对许多讨论而言，部分的准备工作是要让你清楚你想从这个团队中确切得到什么信息。为了达到这个目的，引导者必须着眼于理性目标，来决定诠释性或决定性问题。理性目标和主要问题之间的关系是一场讨论的关键，可以决定这场讨论是否会有成果。比方说，这场讨论如果是关于任务的分配，则主要问题会与过去分配任务的经验哪些可行、哪些不可行有关。从过去的经验里，才能够得到真正对团队完成这次任务分配有帮助的心得。

E3 决定工作的优先级

→ **情境**

你的团队刚签下来一份重要的项目合同,当中包含了几个子项目。这个项目必须在三个月内完成,是个近乎不可能完成的任务。你正和团队成员坐下来决定事情处理的先后顺序。

▲ **理性目标**

团队制订出能够如期完成项目的计划。

▲ **体验目的**

给予怀疑自己能力的团队信心,相信自己做得到。

→ **提示**

在讨论项目不同部分的行动和任务分配时也可以运用类似的讨论。你可以为项目的行动和任务分配制定一条总体的时间线,展示出来让团队看到。

→ **其他可应用的情境**

这类讨论对厘清思绪,以创造新一季度工作的优先级有帮助。它也可以改编成一对一的对话,以讨论某天或某周内任务的优先级。这个做法类似于制订行动计划(Action Planning)时运用的"参与的科技"(Technology of Participation,ToP)方法。如果项目经理懂得如何运用的话,那种方法可能更适合该情境。[行动计划是 ICA 引导规划方法中的一种工作坊,请参阅罗拉·史宾塞《参与致胜》(*Winning through Participation*)一书英文原版第 133 页。]

↘ **讨论内容**

开场说明

接下来的几个星期我们会面临很大的挑战。我个人认为这会是一次真正的冒险。但如果我们将事情的优先级安排好,一定可以做得到。让我们来看看,要成功完成我们的任务必须做到什么。首先来回顾一下我们拿到的合同。

客观性问题
- 这份合同有哪些主要的部分？
- 我们必须交付什么成果？

反映性问题
- 就合同的履行哪些对我们来说相对容易？
- 哪些会比较困难？
- 就这类要交付的成果而言，过去我们曾经有过哪些类似的经验？

诠释性问题
- 履行这份合同所涉及的主要任务是什么？
- 我们有什么技能和资源能够对这份合同有所贡献？
- 我们缺乏什么技能和资源？
- 我们需要从其他团队或组织中引入什么样的技能和资源？
- 有哪些问题需要解决？
- 现在让我们看看这些已经列出来的主要任务，其中哪些应该优先处理？
- 该如何把这些任务串联起来排列出顺序？

决定性问题
- 我们有三个月的时间来完成这些任务，第一个月应该完成哪些？第二个月和第三个月呢？
- 这些个别的任务要由哪些人来进行？
- 现在请大家看看整个任务优先级表，我们有没有漏掉哪些重要的任务？
- 请在座的各位按座位顺序谈谈你所负责的部分的优先级，以及你要做些什么才能让你这部分的计划成功。

结语
每次大家集思广益一起讨论任务时所发生的事总是让我印象深刻。我会将会议记录整理过后发给各位，而且会把大家最终决定的优先级表张贴在公布栏上。

学问

E4 讨论同事对某个策略文件的反应

→ **情境**
一位从外面聘请的顾问撰写了全新的营销策略,刚刚向组织内部的同事演示完毕。

▲ **理性目标**
引导同事发表意见,让这位顾问的营销策略更完善。

▲ **体验目的**
让同事觉得参与了营销策略的创造过程,觉得这个营销策略是他们自己的。

→ **提示**
你可以预期同事对营销策略会出现许多防卫性的反应,所以你的开场对于带动积极的响应很重要。

→ **其他可应用的情境**
这类讨论可用在任何发布策略或建议给一个团队的场合。

讨论内容

开场说明

我现在发给各位的是一份由外聘的顾问新撰写的营销策略。虽然这份营销策略已经纳入管理层的意见,但还是需要由即将要施行策略并了解整体情况的人(也就是在座的各位)来评估与完善它。

客观性问题

请大家用10分钟的时间浏览这个文件。把抓住你目光的字、词、影像标示出来。

- 你标示了哪些字或词?
- 你对作者有哪些想要澄清的问题?

▶ 单元 E
有关决策的讨论

反映性问题
- 什么让你觉得有趣?
- 什么让你觉得担忧?
- 什么让你觉得熟悉?
- 这与我们现在做的有什么不同?

诠释性问题
- 这个营销策略能够如何帮助到我们?
- 你注意到什么样的限制或落差?
- 它对我们的运作有什么影响?

决定性问题
- 你会建议做什么样的修改?
- 我们需要做什么才能执行修改后的策略?

结语

非常感谢这位外聘的顾问为我们准备这个文件。这次的讨论已帮助我们依照现实情况对计划进行了修改。我们还需要改正一些错误的地方,已经可以开始着手进行了。

❗ 引导者可铭记在心的几个重点

没有东西要教(Nothing to Teach)

记住,引导者没有东西要"教",所以讨论中并没有错误的答案。

每个人都拥有整体拼图的一片

每个人都拥有整体拼图的一片,通过聆听和了解所有的观点,整个图像才会一起浮现在眼前。

学问

E5 化解团队在决策上面临的困难

→ 情境
一群人会为了某个决策而争执不下，通常是因为价值观上的冲突。帮助他们决定进行决策时所要遵循的价值观，通常有助于化解僵持的局面。

▲ 理性目标
协助团队构建一套共同的价值观以顺利做出决策。

▲ 体验目的
让团队体验到在决策上有所突破时的放松与胜利的感觉。

→ 提示
在这类讨论中，让参与者以简短的词汇响应问题会进行得比较顺利。让大家提出厘清疑问的问题，以了解他人的想法，而不是攻击他人说的话。重要的是接受所有的想法，将它们一一列在眼前，以看到整体呈现出来的图像。

→ 其他情境的应用
在需要更详细地审视价值观时，这类讨论可以扩展为完整的团队共创会*。此外，也可以缩短后在较大的流程中应用。

↘ 讨论内容

开场说明
我是以中立第三者的身份被邀请来到这里的，协助大家处理正在讨论的这个议题。我想提出几个问题，或许能够帮助大家找出破解僵局的方法，以便达成团队的决定。

---

* 团队共创会（Workshop）是以文化事业学会（The Institute of Cultural Affairs，ICA）根据 O-R-I-D 原理所研究开发的团队共创法（Workshop Method）所进行的会议。

客观性问题

让我们将对于这个议题的各种观点罗列出来。

- 到目前为止大家尝试过什么?
- 我们希望获得什么样的成果?

反映性问题

- 你在处理这个议题时有什么感受?
- 什么让你感到生气?
- 什么让你感到挫折?
- 已尝试过的努力中,什么让你感到好奇?
- 现在整个团队的氛围怎么样?

诠释性问题

- 做这个决策时,我们希望秉持哪些价值观?(列在挂起来的大白纸上。)
- 还有其他哪些事情是在做决策时应该谨记在心的?(加到大白纸上的清单里。)

决定性问题

- 这些列出的价值观中,哪些对这次的决策最重要?(检视大白纸上列出的价值观。)
- 这些已分出优先级的价值观为你对眼前的决策带来什么领悟?
- 那么,我们的决定是什么?
- 这是我们的共识吗?
- (如果答案是否定的)那么,有谁可以说说看在尊重这些价值观的前提下,我们的共识是什么?
- 以这个决定为基础,我们需要做什么向前前进?
- 我们的下一步是什么?

结语

这是一次非常有启发性且对我们非常有帮助的讨论。我想大家都从中找到了共同点,并找到了继续前进的路。

学问

E6 决定参加商务展览的策略

→ **情境**

营销与业务部门正在研究当季商务展览,以决定要参加哪些商务展览。小组的组长决定进行一次讨论,以取得各种资料及大家的反应。

▲ **理性目标**

检视本年度的各个商务展览,创造筛选的价值观,初步选出要参加的商务展览。

▲ **体验目的**

在商展营销上激发创意与策略性思考。

→ **提示**

有人可能会觉得奇怪,为什么这次讨论所得的资料最后还需要交给另一个小组?为什么不能在讨论中把所有事情都做完?原因是全体参与的讨论只能做出某种程度上的决定。更复杂或更技术性的细节必须委托小一点的任务小组来进行。这个任务小组必须分析参加各个商务展览的成本,要从财务部门取得去年估计的数字,从营销部门处了解陈列物及其成本等。这些都是非常重要的工作,涉及多次简短会议、报告,需要四处走动。这绝非单凭一次引导讨论就可做到的。

→ **其他可应用的情境**

这类讨论也可用在营销人员决定新的产品线时。

↳ **讨论内容**

开场说明

今天早上我们把营销和业务团队成员都找来齐聚一堂,来看看今年的商务展览,以及决定哪些符合我们的目标和预算。我们收集了许多这一季的商务展览资料供大家参考。请各位用大约 15 分钟的时间先阅读这些书面资料,然后我们再来进行讨论。

客观性问题

我想大家应该都已经浏览过大部分的资料了，各位面前也都摆放了一份商务展览的清单。

- 哪些商务展览引起你的注意？
- 哪些商务展览离我们较近？
- 参与这些商务展览的成本是多少？

反映性问题

- 哪些商务展览看起来最能吸引我们的顾客、与我们顾客的关联性最强？
- 我们应该避开哪些商务展览？
- 哪些与我们的产品或服务同步？

诠释性问题

- 有哪些价值观是我们还没有考虑到的？
- 在做选择时我们需要坚持的一个关键价值观是什么？
- 还有哪些其他的价值观是我们需要坚持的？
- 哪些商务展览看起来符合这些价值观？

决定性问题

- 我们希望这次能够选出大约 10 个我们可以参加的商务展览。请各位仔细考虑其中的价值观和成本。哪些商务展览最符合我们刚刚所讨论出来的条件？
- 哪些最不适合？
- 我们要提议接手的小组去研究哪 10 个商务展览？

结语

这次的讨论过程充满欢乐，也带来很多启发。接下来我们要做的是指派一个小组，就各位建议的 10 个商务展览进行成本/效益分析。以这些为基础，加上大家所提到的价值观，最后会制作出确定的日程表，提供给每个团队制订自己的计划。

学 问

E7 重新架构团队的使命

→ 情境
由于承包了数个各自相异的项目，员工感到目标与事情的优先级不一致。经理也对从事何种业务争论不休。所以大家决定花点时间重新定义团队的使命。

▲ 理性目标
回想原来的使命，扼要重述业务内容的变化，据此再重新定位所提供的独特服务是什么。

▲ 体验目的
对团队的走向有一个宏观的图像。

→ 提示
除非组织内各个部门的人都参与进来，否则改变组织的使命宣言是一件非常困难的事。确保将讨论的焦点放在团队的使命上，也就是团队被赋予的工作内容，而非放在组织整体的使命上。

→ 其他可应用的情境
这类讨论可以用来让团队就某个任务进行彼此校准或进行中途的调整。

↘ 讨论内容

开场说明
一段时间以来，我一直觉得我们的工作内容和目标不太一致。有时候，我觉得我们就像几个负有不同使命的不同团队。今天我希望能听到大家的想法，一起讨论出新的使命宣言，以厘清我们的愿景与任务。

客观性问题
- 作为这个讨论的开始，我们先来回顾一下，我们团队原先的使命是什么？

- 我们既有的各个任务是什么？
- 就我们使命的各个方面，上一次所听到的报告内容是什么？
- 在达成使命上我们团队已经走了多远？
- 我们已经获得哪些胜利或成就？
- 当时发生哪些改变了我们角色的事情？

反映性问题

- 你最近在团队中感受到什么气氛？
- 你在事情的优先级的安排上面临什么样的挣扎？
- 什么时候让你觉得想要放弃？

诠释性问题

- 从我们新的项目开始进行之后，我们团队的情况有了什么改变？
- 我们就进行中的所有项目有什么共同的目标或服务？
- 你会如何描述我们现在的业务，以及我们试着创造的改变？

决定性问题

- 将这些想法汇集在一起，你会怎么用一句话说出我们的使命？
- 好，如果这是我们的使命，至少是现阶段的使命，那么这会如何影响我们工作的优先级？
- 这会为我们现有承包的合同带来什么影响？
- 这会为我们目前的团队合作带来什么影响？
- 我们应该如何运用这个使命宣言？

结语

从某种层面来说，这是一次困难的对话，但帮助良多。我们先暂时使用这个使命宣言，在进行下一季的计划时再详细讨论。

学问

E8 执行新的董事会政策

→ **情境**

董事会刚刚通过一项政策。我们必须决定如何有效执行这项政策。

▲ **理性目标**

了解新发布的政策。

▲ **体验目的**

就政策的意义达成共识，并了解身为员工的我们该如何执行它。

→ **提示**

在讨论如何执行之前，大家需要先好好思考新的政策，以产生基本的认同。不要强迫大家执行。如果政策的争议性很大，可能需要经过多次的会议讨论才能构思出执行的模式。

如果氛围中充满怀疑或犹豫，你可以在诠释性的层次上增加以下问题：

- 这项政策的优点是什么？
- 缺点是什么？
- 执行时的优点是什么？
- 薄弱的地方是什么？
- 这项政策让你最担忧的是什么？
- 对这些担忧或对这项政策，你还有什么其他的看法？

→ **其他可应用的情境**

这类讨论也可以用在一群人做出某个决策而必须由其他人或团队执行的情境。

↘ **讨论内容**

开场说明

大家可能都已经听说了，董事会上星期五通过了一项新的政策。我在这里帮每个人准备了一份载有这项新政策的文件。请大家利用几分钟的时间阅读，然后

> 单元 E
> 有关决策的讨论

我们来一起讨论。

客观性问题

- 在你阅读这项新政策时,哪些字眼或词汇吸引了你的注意?
- 根据这份文件,这项新政策包含哪几部分?
- 对于这项新政策,你有哪些地方需要厘清?

反映性问题

- 这项政策的哪些地方激起你的好奇心?
- 哪些地方让你担忧?
- 哪些地方让你产生疑问?

诠释性问题

- 这项政策让你想提出什么问题?
- 你认为这项政策的目的是什么?
- 你认为这项政策对我们的部门有什么影响?
- 我们可能需要做出什么改变?

决定性问题

- 我们需要采取什么行动来执行这项政策?
- 我们需要澄清的是什么?

结语

我想我们已经找出了几个充满创意和负责的方法来应对这项政策。我会将各位的想法呈报给管理层。

学 问

E9 决定计划的优先级

→ **情境**

你的组织有许多不同的计划在执行。为了决定应该花多长时间、多少能量和经费在各个计划上,你必须决定计划的优先级。

▲ **理性目标**

让管理团队能够就各计划在三个等级的优先级上达成共识。

▲ **体验目的**

对组织资源的策略性运用拥有信心。

→ **提示**

在准备讨论时,可收集相关资料,将目前人员、时间、金钱上的花费列在一张大的图表上。在开场说明时,记得厘清讨论的界限。如果某些事情不应该被列入讨论范围,在讨论还没开始前就先说清楚。

将诠释性问题的答案记录下来会有帮助。尽量让这份记录清楚、简单。

在决定性的层次上,使用彩色的圆点或清单来标示"高""中""低"的优先级会有帮助。

→ **其他可应用的情境**

这类讨论可用在处理预算的缩减上。

↘ 讨论内容

开场说明

在检视我们所提供的服务时,我们需要大致了解我们的资源用在了哪里,并将其与事情的优先级做个比较。这些大白纸上,列出了我们每个计划的人力、经费、加班时间和营收情况的基本资料。

► 单元 E
有关决策的讨论

客观性问题

让我们迅速讨论一下大白纸上列出的资料。

- 你注意到了哪些数字?
- 员工投入时间最多的地方在哪里?
- 经费上投入最多的呢?
- 对于营收你注意到什么?

反映性问题

我们用一点时间来讨论一下我们在执行计划时的体验。

- 哪些进行得顺利?
- 我们所经历过的困难是什么?

诠释性问题

好,接下来我们就自己的印象给我们的计划一些评价。

- 对我们来说,最容易做的是什么?
- 哪些需要的力气最少?哪些需要的时间最少?哪些需要的经费最少?
- 我们的顾客反应最好、最看重的是哪些?
- 哪些最能得到立竿见影的效果?
- 哪些会带来最长远的效果,或者提供最重要的长远利益?
- 还有哪些其他要考虑的?

决定性问题

- 让我们从刚刚的印象来设定三个等级的优先级:"高""中""低"。有哪些计划毫无疑问,一看就知道是高优先级的?(标示出来。)
- 哪些是低优先级的?(用不同方式标示。)
- 现在我们对优先级的高、低两端有一些概念了,接下来我们将其他计划也分为"高""中""低"三个优先级。
- 这样的分类对我们的工作有什么影响?
- 接下来我们必须立刻进行的是什么?

结语

今天的讨论很有用,对我们进行下一个阶段的工作检讨会很有帮助。

学问

E10 为重要的项目评估工作设定委托评估范围

➔ 情境
一群人聚在一起，想要共同为即将到来的项目评估工作设定外聘顾问的评估范围。项目本身有一些问题，可能比员工目前所意识到的还要多。大家都知道这次评估很重要，但还没有真正讨论过评估的标准或方法。现在大家聚在一起，即是要设定委托评估范围，好让进行评估工作的外聘顾问开始评估工作。

▲ 理性目标
为项目的评估工作设定委托评估范围。

▲ 体验目的
提供一个让员工可以发言的场合，让大家表达自己的工作应该如何被评估。

➔ 提示
事先将会议主题告知参与者，请他们准备好想要提出的问题以及解决问题的方案。

➔ 其他可应用的情境
这类讨论可用来设计意见调查，以及发起重要研究。

讨论内容

开场说明
我知道大家都对 X 项目的评估很感兴趣。今天是一个让我们一起思考评估标准的机会。思考出来的评估标准将变成外聘顾问的受委托的工作范围。虽然外聘顾问将独立执行评估工作，但我们可以通过设定委托评估范围，以影响他们进行评估的方式。

客观性问题
- 你参与 X 项目的哪部分？你实际上进行的工作是什么？

- 对你而言，项目中最有趣、最具创意的是什么？
- 这次的评估应该包含哪些主题？

反映性问题

- 项目中令你喜悦或振奋的是什么？
- X 项目让你感到担忧或有压力的是什么？
- 在 X 项目及相关的事情中，哪些地方让你感到困惑？

诠释性问题

- 对于 X 项目，有哪些问题一直被重复问起？
- 项目中哪部分需要被评估？
- 这次的评估需要回答哪些重要的问题？

决定性问题

- 有哪些可能的方式能够回答这些问题？
- 从这次的评估中，我们真正想要发现的是什么？
- 我们要从什么地方才能取得必需的信息？
- 如何做才能得到这些信息？

结语

这次讨论为我们提供了很好的出发点，以便设定委托评估范围。

> **! 要信任团队的智慧**
>
> 好的引导者相信团队的智慧。除非已经另有确切的证据证明不是如此，否则他会假设整个团队所知道的比其中任何一个人都多，包括他自己在内。在所有的观点都被听到以后，更全面的图像才会浮现，就如同多面的钻石一般。讨论的目的就是要引导出这个多面的钻石。

学 问

E11 编制年度预算

→ 情境

你正要编制下年度的预算。每个团队与部门都已经被要求事先做到以下事项：

（1）编列自己团队／部门的预算。

（2）将预算与年度工作计划及目标连接起来。

（3）列出为编制预算而做的假设。

（4）提供与过去几年收支的比较。

▲ 理性目标

就整体预算与调整的原则达成共识。

▲ 体验目的

让每个团队看到彼此互相依靠的情况，并体会到身为整体的一部分的归属感。

→ 提示

在诠释性层次上，可能需要提出更进一步的问题，以确保大家在调整预算的原则或其他方面达成共识。

→ 其他可应用的情境

这类讨论可用在评估组织下年度需要采购的设备或物品上。

讨论内容

开场说明

先前已经请各位根据各自团队的目标和工作计划编制了下年度的预算。我在电子表格上列出了各部门的数字，让大家可以清楚看见。今天讨论的焦点有三个：

- 了解各部门编制预算的基础；
- 厘清完成预算工作所需要处理的议题；
- 决定编制预算所要秉持的价值观。

> 单元 E
> 有关决策的讨论

目前我们在支出方面的预算过高，收入方面的预算过低。

客观性问题

让各团队在不受干扰的状态下报告部门预算，以及详述与预算相关的年度工作计划或目标。每个团队报告完之后，询问提出报告的团队以下事项：

- 作为预算基础的假设是什么？

然后询问全部的人：

- 对这份报告，有什么需要厘清的地方？

反映性问题

- 这份预算报告让我们惊讶的是什么？
- 让我们感到不安的是什么？

诠释性问题

- 检视这份预算报告时，你心里浮现出哪些问题？
- 哪些假设需要调整？
- 哪些假设的调整能够大幅改善我们的预算现况，无论是增加收入或减少支出？
- 哪些预算需要向上或向下调整，才能确保团队拥有适当的资源？
- 当大家聆听讨论时，发现我们是根据哪些条件提出调整预算建议的？
- 在调整预算时，还需要考虑什么？

决定性问题

- 我们都同意的提议是什么？
- 我们的下一步是什么？

结语

我会整理这次的讨论成果并据此调整好预算。如果看起来还需要其他的调整，我会根据刚刚讨论出来的原则建立一个模型。两个星期内，我们会再度开会讨论。

学 问

E12 处理与工作环境有关的议题

→ **情境**

新发生的情况导致员工必须共享一个办公空间。因为他们已经习惯各自的私人办公室，因此在开始使用新的办公空间时，问题便开始出现。大家需要找到更有效和更公平地使用新办公空间的方式，以满足每个人的需求。这样做的第一步就是在原则和价值观上达成共识。

▲ **理性目标**

一起讨论，以在使用空间的原则上达成共识。

▲ **体验目的**

激发出足够的善意，让大家能够在同一个空间舒服地一起工作。

→ **提示**

就"我们要秉持哪些价值观"这个问题，将答案列在挂起来的大白纸或白板上。这样一来，在决定性层次时，你就能念给大家听，让他们决定哪些是主要的价值观。

→ **其他可应用的情境**

当团队或部门的任何需要成为问题时，即可应用这类讨论。

讨论内容

开场说明

我们都同意通过开会来讨论我们在办公空间上的需求，好让我们都可以在这个被指定的空间中更高效地工作。我们要记得，每个人若要发挥工作上的效能，所需要的不尽相同，在这方面不需要做道德上的批判。在这次会议里，我们要为空间的使用创造出原则和价值观。一直到明年新的大楼盖好前，我们暂时都必须使用这个被分配的办公空间。我们可能没办法讨论出一套完美的原则，然而重要的是，我们要明确列出能让我们实际安排空间的价值观和需求。让我们以问答的方式开始。

客观性问题

- 你的空间需求是什么？（请所有相关的人都说一说自己的想法。）
- 在聆听大家回答时，你听到什么需求？

反映性问题

- 当聆听大家回答时，你联想到了什么？
- 哪些需求让你感到惊讶？
- 哪些让你感到开心？
- 目前空间的使用让你感到挫折的是什么？

诠释性问题

- 根据你所听到的讨论，哪些对空间的运用是你喜欢的？
- 关键的问题是什么？
- 对于这些问题和需求，你想到哪些可能的解决方案？
- 在创造解决方案时，我们要秉持哪些价值观？

决定性问题

- 让我把刚刚提到的价值观念给大家听。哪些是主要的价值观？哪些是次要的？
- 有谁愿意和我一起以这次讨论的心得为基础，创建一个空间使用上的模型？

结语

这真是一次非常好的讨论。我想我们对于如何处理这个问题已经有了更好的想法。谢谢大家抽出时间参与这次讨论。我们这个任务小组会在下星期三把成果报告给大家。

> **！ 安排足够的讨论时间**
>
> 有些引导者为复杂的讨论或困难的决定所安排的时间不够充裕。这样很容易让团队为节省时间而做出方便的决定，之后却因为只治标不治本而让大家感到不安。安排足够的讨论时间，以尊重讨论的议题，以及让团队能够恰当地处理这个议题。

学问

E13 重新调整办公室的工作规范

→情境

过去的办公室工作规范很明显已经被遗忘或不合时宜。一个任务小组被指派来调整旧的工作规范以符合现况。

理性目标

制定一套可遵循的原则，让同事可以在同一个空间中快乐且有效地共事。

体验目的

体验到对团队环境负起责任。

→提示

此讨论运用了几个看似不同却是在描述同一件事的字眼："可遵循的原则""运作模式""假设""工作规范"。它们都意指"在工作场所中彼此期待应该遵守的共同行为模式"。

开场和提问时的语调应该显示出你的中立性。避免在语调、用词或表达上给团队"现有的行为是不好的"的印象。整个讨论的背景脉络是"时空已经改变，我们需要来重新检视既有的工作规范"。

→其他可应用的情境

这类讨论在处理团队内或团队之间的工作与关系上的问题时也很有用。

↳ 讨论内容

开场说明

对我们当中许多人来说，旧的工作规范很明显已经因为环境的变迁而被遗忘或不合时宜。我们不想要再花费大量的心力拟定一份全新的规范，然而我们的确需要好好审视现有工作中的运作模式和假设，也就是我们简称的"规范"。

客观性问题

- 我们仍然遵循的运作模式或假设是什么？
- 哪些似乎已经被我们遗忘或刻意忽略？

反映性问题

- 你观察到目前我们遵循的假设中哪些是合时宜的？
- 哪些目前我们遵循的假设让你感到惊讶？
- 哪些让你感到焦虑或不安？

诠释性问题

- 我们刚刚回答的内容透露出我们需要哪些实际运作的规范？我们把它列出来。
- 还有哪些其他我们需要的规范？
- 这些规范当中，哪些可以被改写得更清楚？
- 这些够吗？

决定性问题

- 为迎合这些规范，我们必须做出什么样的改变？
- 后续还需要哪些步骤才能让这些正式成为我们的规范？

结语

真的非常感谢各位的参与。让受到影响的人一起参与讨论，想出解决的方法，是处理这种问题的唯一途径。

❗ 要提出开放式问题

请记住，只提出开放式问题，也就是不能提出用"是"或"不是"回答的问题。是或不是的回答无法让讨论生动起来，也无法告诉你太多东西。"你喜欢它什么地方，不喜欢什么地方"铁定比"你喜欢吗"的答案来得生动有趣。

单元 F

有关管理与督导的讨论

> 现今的经理人必须更常扮演引导者的角色，善于引出他人的答案，特别是从那些不知道自己拥有答案的人身上引出答案。
> ——约翰·奈斯比特（John Naisbitt）与帕特里夏·奥伯丁（Patricia Aburdene）合著的《企业再造》（*Reinventing Corporation*）

无论一个组织拥有的管理架构是什么，想要在没有"非经理人"参与的情况下做出决策，已经不再行得通。无论是垂直型、扁平化组织架构，还是层级式、矩阵式的组织架构，"参与"都能够让事情进行得更容易。由于广泛采纳意见，"参与"能产生广受信赖的决策。若是组织未将"参与"纳入架构内，它还是会发生，然而也许是以负面的方式发生。因此，参与性的讨论方法是成功非常重要的关键。

后工业社会的经理人发现：第一，自己没有全部的答案；第二，周围充满智慧，只要通过询问就能开发出来。因此力量来自提问。现今的经理人的主要能力即提问，从他人身上引出答案。

经理人必须了解，当他们开始运用对话来取代命令，就已经跨越了很大的门槛，开始创造一种完全不同的组织：学习型或合伙型的组织。这类组织拥有更强的效能，能够为所有受到关注的层面带来力量。或许有一天，焦点讨论会成为各大商学院企业管理硕士课程的必修学分。

本单元的讨论范例示范了经理人如何更有创意地与同为经理人的同事、上司、第一线主管、一线员工、团队等进行讨论。

> 单元 F
> 有关管理与督导的讨论

F1. 与员工详细讨论工作情况

F2. 检视工作职责

F3. 面试应聘者

F4. 反省一次令人感到挫折的会议

F5. 进行绩效评估

F6. 评估员工的职场需要

F7. 找出项目停滞不前的原因

F8. 了解某次卖场纷争

F9. 找出影响市场的因素

F10. 分析销售统计数据

F11. 处理授权上的问题

F12. 与厂商合作解决产品供应的问题

F13. 反省组织的转型

F14. 凸显公司与竞争者对比之下的特点

F15. 针对组织重整计划出阶段性的时间表

F16. 新任经理反省其领导角色

F17. 评估一门培训课程的成效

F18. 制定参与准则

上面这个清单并不是试图涵盖经理人的所有任务，但它显示了引导讨论是更多经理人或主管可以运用的方式。

学问

F1 与员工详细讨论工作情况

→ **情境**
一位经理人决定每个月都要和部门里的每位员工进行一次对话。

▲ **理性目标**
了解目前的情况、员工面临的困难及在工作中的学习。

▲ **体验目的**
鼓励反省、创新,以及与其他团队成员的分享。

→ **提示**
重要的是避免让人感觉像在质问员工或屈尊降贵。仔细聆听,甚至记笔记。任何对于员工回答的防卫性反应,都可能扼杀得到诚实反馈意见的机会。

→ **其他可应用的情境**
这类讨论与两个"辅导经历家庭危机的员工"的讨论(见范例 C7、C8)类似。

↘ 讨论内容

开场说明

早上好。我跟往常一样,来看看大家在工作上的情况。你介不介意我占用你 5~10 分钟的时间讨论一下?好。

客观性问题

- 据我的了解,你的工作重点是……对吗?
- 在职务上你还有哪些其他的工作?
- 最近工作上有什么新的任务(或变化)?

反映性问题

- 有哪些进行得特别顺利?

222

> 单元 F
> 有关管理与督导的讨论

- 哪些事情让你想抱怨，或者你面临什么问题？

诠释性问题

有什么在阻碍你，让你不能以你所认为恰当的方式去做你的工作？

你看到什么我们可以改善的方法？

我能做什么来帮助你？

决定性问题

- 依照你的观察，什么能让这个部门的运作更顺畅？
- 你有什么建议？
- 在我离开前，你还有什么想对我说的吗？

结语

很高兴有机会能和你谈谈，谢谢你提供的想法。我会确保你的建议让其他人知道。我们稍后再见。

❗ 引导者可铭记在心的几个重点

"先想办法了解对方，再设法被对方了解。"这是史蒂芬·柯维所著的《高效能人士的七个习惯》(*The Seven Habits of Highly Effective People*) 一书中所提及的第五个习惯。假设有 20 个人在对话，其中有一个人正在说话，另外 19 个人则努力了解他试图要表达的是什么，而且大家对于讨论中所有其他的发言都以同样的重视程度倾听，这就是很好的对话。好的对话是每位参与者都积极倾听别人发言，从不忽视任何发言。

引导者和参与者都必须留心那些希望通过发言吸引注意力或激怒他人的人。当这样的情况发生时，倾听者或引导者因为感到困扰而受困于自己的情绪，无法继续听到发言者其他的意见。他们因此停止倾听。停下来以后，就无法听到完整的信息及对方所说的重点。倾听的过程也因此被打断。

学 问

F2 检视工作职责

→ **情境**
为了更有效地进行工作分配规划,所有的同事写下了自己的工作职责,现在在工作小组内分享。

▲ **理性目标**
让工作职责更客观、具体,找出重叠的工作或浮现对工作的过时假设。

▲ **体验目的**
让参与者感受自己的角色受到肯定,在重大决策上参考他们的意见。

→ **提示**
视团队内的互信程度或内在纷争而定,这个讨论的某些部分最好以一对一的方式进行。以不带判断的心态倾听彼此,是这个讨论中非常重要的一环。

→ **其他可应用的情境**
当团队希望将综效带入工作中时,可应用类似的讨论。董事会/理事会和员工也可应用这样的讨论来描述各自要在组织内扮演的角色。

↘ 讨论内容

开场说明
今天我们想要借此机会真诚地肯定大家所扮演的角色,并希望在这次的讨论中将我们彼此的角色协调得更好,让我们有最佳的工作绩效。

客观性问题
- 请各位看看我们的工作职责。我们看到哪些主要的活动?
- 就工作职责来看,每个人目前扮演的角色是什么?

▶ 单元 F
有关管理与督导的讨论

反映性问题
- 这些工作职责中有什么让你感到惊讶？
- 什么让你感到"这说得真对"？
- 遗漏了什么？

诠释性问题
- 思考我们接下来几个月的工作，大家就这些工作职责想提出什么问题？
- 我们的团队合作可能在哪里出现断层？
- 哪里可能重复？
- 我们面临哪些可能改变我们工作职责的新挑战？
- 就你的工作职责你希望做出什么样的改变？

决定性问题
- 我们应该做出什么样的改变来应对团队合作中出现的断层？
- 我们如何处理工作重复的部分？
- 根据这次的讨论，你个人需要斟酌做出的决定是什么？

结语

谢谢大家在这场讨论中的分享。我知道对各位而言这可能是很困难的对话，然而能够得到大家的意见，对我们的工作非常有帮助。

学问

F3 面试应聘者

→ **情境**

你正在面试最后几位应聘者。你已经事先想过决定人选的基础条件：经验、对团队的贡献、身为主管的经验、符合公司的价值观。

▲ **理性目标**

更深入了解这位应聘者是否能融入团队和组织内。

▲ **体验目的**

让应聘者衡量自己是否适合此职位。

→ **提示**

根据决定人选的基础条件，调整诠释性问题的内容。

→ **其他可应用的情境**

这类讨论可用在选择新项目的团队成员中。

↘ 讨论内容

开场说明

谢谢你今天来这里。我们还面试了其他四位应聘该职位的人。在这次面试中，我们希望能了解你对这个组织和这个职位能有什么样的独特贡献。

客观性问题

- 对这个职务所包含的工作内容，你了解哪些？（提供叙述工作职责的文件）
- 对于这里所叙述的工作重点和工作内容，你有什么问题想问？

反映性问题

- 你曾担任过哪些类似的职务？
- 担任那些职务时，最困难的是什么？

- 最令你振奋的是什么？

诠释性问题

- 你具备什么技能，让你能够胜任此职位？
- 你可能需要什么培训，让你更能在该领域展现成效？
- 你对于有效的团队合作有什么心得？
- 请形容你担任主管时的行事风格。
- 你如何处理棘手的员工议题？举例来说……（提供一则公司内的典型案例）
- 你的决策风格是什么？
- 在你的工作环境中，什么对你很重要？
- 你在什么情况下最能学习？
- 在过去 6~12 个月，你有什么重要的学习？

决定性问题

- 关于我/我们，你有什么问题想问？
- 基于你目前对这工作的了解，请总结说明你能为公司带来的优势？

结语

感谢你的时间。我们在接下来五天内会做出决定。到时候无论决定如何，我们都会告知你。

学 问

F4 反省一次令人感到挫折的会议

➜ 情境
在一次令你们感到非常挫折的会议后隔天，你和几位同事坐下来进行讨论。

▲ 理性目标
思考会议内发生了什么事并从该情况中萃取心得。

▲ 体验目的
安抚参与者和会议主持人受伤的情绪，避免这次经历继续消耗大家的精力或扩大成更负面的情绪。

➜ 提示
这种类型的反省过程很难独自或在仅有两人时进行。因为独自或只有两人时，很容易跳离清晰的思考而开始怪罪某个人，这不会产生学习或疗伤的效果。这类反省需要的是更多的观点。此外，事先写下要提出的问题也会帮助你有纪律地进行完整个过程。

➜ 其他可应用的情境
只要稍微调整一下，这类讨论就可用于反省任何令你感到挫折的经历，以从中获得洞见。

↳ 讨论内容

开场说明

我想我们需要进行一次会议后的讨论，让我们可以从中得到一些学习。

客观性问题

- 昨天议程的内容是什么？
- 会议最原始的目的是什么？
- 因为事情发生得很快，所以可能不容易记得，但我们还是得先收集一下客观资料。让我们重现昨天真实发生的事情。我们一开始做了什么？然后呢？

反映性问题

- 你什么时候开始觉得有挫折感？
- 你什么时候开始注意到他人有挫折感？
- 在回忆昨天的会议时，你脑海中会浮现出什么样的影像？
- 会议中哪些部分看来运作得最好？

诠释性问题

- 你看到哪些重复发生的模式？
- 你觉得发生这些事情的可能原因是什么？（如果有人回答："因为乔治是个笨蛋。"或有其他怪罪他人的响应，可以回问："你猜想他为什么会有如此的表现？"）
- 如果有人刻意在昨天的会议中不让大家好过，你觉得他们想要坚持的价值观是什么？
- 有哪些方法可以有效处理这种情况？
- 下次如果再发生类似的情况，我们有哪些不同的做法？
- 我们可以从中学到什么？

决定性问题

- 让我们用一两个句子来形容我们的学习，例如"这种情况让我们学到……"
- 经过这次讨论，我们要做出什么承诺？

结语

我很高兴能成为这个团队的一分子，这是个能从痛苦经历中学习的团队。

学 问

F5 进行绩效评估

→ **情境**

在××公司里，每位同事每一年都必须进行一次个人的绩效评估。这是个参与性的过程，让每个人表达自己的期望、梦想，以及希望组织能够如何帮助他们达成这些梦想。

▲ **理性目标**

回顾员工的成长，同时了解如何激发和协助他们。

▲ **体验目的**

让员工感受到公司对他们的器重和信任，也更激励他们迈向成功。

→ **提示**

能够进行这类的绩效评估，即假设了这个组织有某种特别的文化。在组织文化中仍有明显的层级时，双方就需要很大的勇气和互信才能举办及参与这样的讨论。你不能在本季用这种讨论方式进行评估，而下一季又回到原来的方式。

→ **其他可应用的情境**

可参考范例"C9 察访新员工工作情况"的内容。

↳ 讨论内容

开场说明

现在已经差不多到你绩效评估的时间，而且我们已经有好一阵子没有一起聊聊了，所以我想知道你近来的情况，以及我们如何帮助你实现在这里的梦想。

客观性问题

- 自从我们上次讨论后到现在，你的工作情况如何？
- 从那时候到现在，你的工作职责有什么变化？

> 单元 F
> 有关管理与督导的讨论

反映性问题

- 你感到最骄傲的成就是什么？
- 哪件事让你感到最受挫折？

诠释性问题

- 你觉得自己最重要的贡献是什么？
- 在这里工作，你未来几年的目标是什么？
- 你的期许和梦想是什么？
- 未来一年，你想完成什么？
- 在往这些目标迈进的路上，你遇到了什么阻碍或困难？
- 在往这些目标迈进的路上，你发现组织里对你最大的帮助是什么？
- 你需要组织或我提供什么样的帮助，以便让你实现自己的希望与梦想？
- 当什么迹象出现时表示你的状况不太好，我若察觉到应该来找你谈谈？

决定性问题

- 你个人的下一步行动是什么？

结语

这种谈话对我就如同黄金一样珍贵，我希望它对你也有帮助。任何时候你觉得需要多谈谈这方面的事情，请不要犹豫，即刻通知我。

F6 评估员工的职场需要

→ **情境**
管理团队正在讨论员工不满意的地方，以及需要采取的措施。

▲ **理性目标**
发现员工的情况，并决定需要采取的行动。

▲ **体验目的**
激励员工跨越防卫性的反应和抱怨，转而负起责任来解决问题。

→ **提示**
与员工讨论他们的不满有助于看清真正的问题是什么，以对照你自己对问题的认知。重要的是领导者必须对问题的成因保持开放的态度，以收集所有的资料。如果你提问的用词或语气听起来像偏好某种解释，有些人就会认为自己的观点不是你想要的，因此不分享他们所知道的事情，这样一点帮助都没有。拓展诠释性层面的探索，让大家深入到最初的假设底下，然后再将讨论带到决定性的层面。

→ **其他可应用的情境**
这类讨论可用于评估学校学生或医疗机构里患者的需要。

↘ 讨论内容

开场说明

我们之中大多数人都很清楚员工非常不满。会不会是因为冬天到了的关系？还是有什么让他们不满的事情？抑或我们之中有些人对他们太过严厉？让我们讨论一下，看看能不能弄清楚真正的原因，然后决定需不需要采取行动，以及采取什么行动。

客观性问题

- 我们实际听到过员工对自己的情况说了些什么？
- 你能举出哪些显示员工正处于困难当中的例子？
- 他们的哪些行为显示出他们的需要没有被满足？

反映性问题

- 你察觉到自己对这种情况有什么样的反应？
- 你对这种情况的哪些层面感到惊奇？
- 哪些情况让你觉得恼怒？
- 你对哪些情况感同身受？为什么？

诠释性问题

- 你如何解释发生了什么事？
- 身为管理层的我们做了什么可能引发这种情况产生？
- 你认为员工觉得自己需要什么？
- 你认为他们真正需要的是什么？

决定性问题

- 从我们的讨论当中你看到哪些结论？
- 我们需要做什么？
- 最先要做的几件事是什么？
- 谁负责进行这些初步的行动？

结语

这是一次让人受益良多的讨论。大家聚在一起讨论的效果很神奇，让我们免于太快跳到结论。我想我们在场的众人已经拥有足够的智慧能够解决员工不满这件事。

学问

F7 找出项目停滞不前的原因

→ **情境**

组织内的两个营业单位最近合并成一个单位。来自两个单位的人对一个特别项目要如何进行持有迥然不同的看法。最近项目已经到了紧要关头，因为这个新单位无法如期交付最终产品。他们邀请你以中立第三者的身份，帮助他们回归正轨。

▲ **理性目标**

引导大家反省经验、厘清问题、了解各自的分工和责任归属，并且回顾他们目前在执行上的情况，再决定接下来的行动。

▲ **体验目的**

让新单位体验到自己身处一个新的、充满创意和希望的情境之中。

→ **提示**

这类讨论涉及很多层面——各个团队、整个部门、项目本身。因此，在客观性层次上需要多准备一些问题，以厘清所有方面。但如果团队已经准备好要尽快进行下去，你可能就不需要提出所有问题。

→ **其他可应用的情境**

这类讨论在稍微经过修改后，就可用于调解组织内部对问题有两极化看法的团队，或者共同合作一个项目的两家公司。

↘ **讨论内容**

开场说明

我们合并成一个营业单位可说是在进行一场冒险。我受邀来引导这次讨论，希望让项目涉及的各个团队能够彼此对话，共同解决现在的问题。我们每个人都对这个特别项目负有责任，所以我们就从这一点开始。

> 单元 F
> 有关管理与督导的讨论

客观性问题

- 请大家轮流回答第一个问题。我们从你开始,彼得。你在这个项目中负责的是什么?(请每个人轮流回答此问题。)
- 这个项目包含哪些部分(或范畴)?
- 这个项目目前已经完成了什么?
- 还有什么没完成?
- 现在请两个团队里个别的成员发言——可否请来自原 A 单位的成员,谈谈你对这个项目的看法?
- 这个看法秉持的价值观是什么?
- 请来自原 B 单位的成员谈谈你对这个项目的看法?(得到几个原 B 单位成员的回答。)
- 你的看法秉持的价值观是什么?
- 从你的观点来看这个项目,问题是什么?(请原来 A、B 两个单位的成员都回答。)
- 解决的方法包含哪些层面?
- 好,接下来我们回到整个单位来进行讨论。
- 从刚刚听到的回答里,你注意到了什么?

反映性问题

- 当你听到另一个团队对现在情况提出的看法时,让你感到惊讶的是什么?
- 对于这种情况,你感到最恼怒的是什么?
- 对于这种情况,你感到最具挑战性的是什么?
- 从我们开始讨论到现在,气氛出现了什么变化?

诠释性问题

- 讨论至今,就目前面临的问题我们得到了哪些启发?
- 关于问题的成因,有哪些洞见开始浮现?
- 对整件事情,有哪些心得正要浮现出来?

学问

决定性问题
- 有什么事需要发生?
- 我们做些什么能事半功倍地将我们的团队与这个项目带到一个新的、富有创意的境况中?
- 要做到这些,我们需要哪些新的价值观?
- 我们接下来要采取哪些行动才能让我们自己以及这个项目向前推进?

结语

感谢大家如此坦诚地进行讨论。我个人感到学习了很多。祝福各位能够顺利推动接下来的行动。

▶ 单元 F
有关管理与督导的讨论

> **!** 引导者可铭记在心的几个重点

假设你所属团队中的每个人对于要讨论的主题都拥有智慧和经验，而且愿意和大家分享。

当你用简短的语句进行发言时，表示你尊重其他人正等着要参与对话。独占说话时间不是有礼貌的举动。

有些人擅长在对话中表达意见，他们能很快产生不同的想法。有些人则比较沉静，他们喜欢花费更多的时间来思考。引导者必须耐心引导他们回答。

有些参与者必须耐住性子，避免插嘴，或者未得到发言者允许就自以为是地帮他讲完或擅自补充。等候发言者把话说完是很重要的。

接受别人的话语并将其视为智慧之言，即使那可能是偏颇的观点。发表你的看法并不是为了反驳别人的看法，而是为了提供更多的观点，即使那是与他人完全相反的观点。想象你是在整个对话中提供事实的不同方面，就如同一个钻石会有很多面一样。对话中没有任何虚假是很难做到的一件事。我们身为人，天生喜好争辩与反驳，总是认为自己知道全部真相。这是自大的表现，也是从对话中学习的重大障碍。

学问

F8 了解某次卖场纷争

→ 情境
你是公司某一个部门的主管。卖场里六个店员跑进你的办公室来发牢骚,似乎与人们之间的不愉快有关。他们七嘴八舌,每个人都大声讲话,彼此插嘴。你请他们坐下,邀请他们喝杯咖啡,告诉他们你想知道事情的真相。接着你开始引导这个对话。

▲ 理性目标
表明你想聆听的意愿,以及你想了解问题真相的决心。

▲ 体验目的
帮助这群人从愤怒的情绪转换或负起责任,想出解决的方法。

→ 提示
坚持一次由一个人发言是很重要的。参与者必须感受到你想听到他们的声音与解决问题的决心。

→ 其他可应用的情境
这类讨论也可用在当一群人或一个团队抱怨自己受到不平等的对待时。

↘ 讨论内容

客观性问题
- 让我们轮流说明发生了什么事。露西,不如由你先开始吧。
- 接下来还是一次一个人,说明发生了什么事。
- 什么时候发生的?
- 大家讨论到的相关人有谁?
- 让我们重现当时事情发生的实际经过。要清楚地回想起来是很不容易的,因为一切都发生得很快,但我们需要客观数据。最开始发生的是什么?然后……

- 然后呢……
- 你记得大家讲了哪些词或哪些话？

反映性问题

- 你什么时候开始感到挫折？
- 你什么时候开始注意到其他人感到挫折？
- 从什么时间点事情开始失控？
- 你还记得当时还有哪些其他的情绪？

诠释性问题

- 所以你会怎么解释当时发生的事？
- 为什么会发生这些事？
- 我们必须解决的问题是什么？
- 这个问题有哪些不同的层面？

决定性问题

- 我们可以做些什么来处理这个问题？
- 我们能做什么让我们自己的情况变得更好？
- 我们需要什么新的价值观才能做到让这些发生？
- 我们接下来该进行什么行动才能让我们和项目向前迈进？

结语

感谢你们如此坦诚地分享彼此的看法。重要的是我们必须记住，我们在这个问题上要像伙伴一样共同合作。有些事情是管理层做得到的。但当事情失控时，还是得仰赖现场人员及时发挥创意做出反应。

学 问

F9 找出影响市场的因素

→ **情境**

营销团队在开始进行计划工作之前，先就市场行为以及市场行为如何影响业务进行一番讨论。

▲ **理性目标**

让讨论中产生的洞见为稍后拟定营销策略的工作带来焦点。

▲ **体验目的**

体验到更宽广的背景脉络以进行对未来的想象和制订计划。

→ **提示**

这个讨论范例和本书中许多其他范例一样，假设大量的智慧存在于团队之中。这个假设可能会让那些习惯于聘用外部顾问来提供不寻常信息的组织感到不舒服。顾问知道得很多，团队也是。

如果团队不习惯这种类型的讨论，在一开始稍微介绍一下这个方法的背景会有所帮助。在提出第一个问题时，让大家按照顺序轮流回答也会有帮助。

→ **其他可应用的情境**

这种收集信息的讨论也可用于讨论新闻时事或趋势（请参阅范例 D5 和 D6）。

讨论内容

开场说明

让我们就我们的市场做一个宏观的观察，就如同探讨影响现今经营环境的重要趋势一样。

客观性问题

- 最近行业内发生了哪些事件，可能会影响整个行业？

> 单元 F
> 有关管理与督导的讨论

- 最近你注意到人们在偏好上有什么变化，如他们购买的物品、他们的好恶等？
- 人们对事情有什么不同的反应？
- 全球化、电子化营销和其他重要趋势对市场造成了什么影响？
- 在座的一定有人读过费斯·帕帕考恩（Faith Popcorn）的著作吧？他在书里面认为现今市场中热门的是什么？
- 行业内有哪些新的趋势正在形成？
- 有什么新的营销形态正在发挥影响力？
- 在这些事情或趋势中，有哪些领先者或标杆？

反映性问题

- 对于影响市场的这些事情或趋势，有什么让我们惊讶？
- 这些事情或趋势在最近如何影响我们？
- 在这些事情或趋势对市场的影响当中，让你感到很棒的是什么？
- 哪些让你感到不安？可能是什么原因？

诠释性问题

- 这个新的动态会如何影响我们的市场细分？
- 在这种情况之下，公司的优势是什么？
- 我们的劣势在哪里？
- 我们可能需要率先采取什么行动？

决定性问题

- 要回应目前市场的情势，我们有哪些可行的选择？
- 这次讨论的哪些部分需要纳入我们的计划之内？
- 哪位愿意将这次的讨论内容整理成报告？

结语

我觉得这次的讨论让我们在营销策略的制定上有了新的进展。

学问

F10 分析销售统计数据

→ **情境**

业务团队刚刚整理好去年与往年商品销售统计数据与分析比较图表。业务经理正带领团队全体人员对这些图表进行反省式的分析。

▲ **理性目标**

比较与反省去年与往年的销售业绩并从中得到可用于下一年度销售策略的启示。

▲ **体验目的**

体验到厘清下一年度的方向及对各种可能方案的兴奋感。

→ **提示**

进行这类讨论的方法之一，是将所有参与者分为 3~4 个小组。每个小组分别进行客观性、反映性与诠释性层次的讨论。之后每个小组回来向大家报告讨论的内容，再全体一起回答决定性层次的问题。要这样做时，每个小组必须在讨论开始前就先选定一位负责报告的人。这个人在参与讨论的同时还必须做笔记。

→ **其他可应用的情境**

这类讨论也可用于分析广告策划案。

讨论内容

开场说明

我们要占用一点时间来讨论公司各项产品去年的销售统计数据。所以请各位用几分钟的时间看一下这些数字和图表，在上面画上记号，如惊叹号、问号等，并开始进行你的推论。

客观性问题

- 你在什么地方标示了惊叹号？

- 哪张图表吸引了你的目光？图表上的什么抓住了你的注意力？
- 对你来说，这份报告中一项重要的数据是什么？（请大家轮流分享。）

反映性问题
- 就这些统计数据，什么地方让你感觉良好？
- 哪些让你感到惊喜？
- 哪些让你感到担忧？

诠释性问题
- 哪些产品或服务的表现看起来不错？可能的原因是什么？
- 哪些的表现看起来不太妙？为什么？
- 观察这些产品的销售图表，哪些产品或服务今年的表现比去年好？
- 哪些比去年差？
- 你想通过提问厘清什么？哪些地方让你觉得不够明了？
- 从去年我们的销售数字来看，你看到从中浮现了哪些模式？
- 哪些正在浮现的新趋势是需要加以鼓励的？
- 我们应该如何解释我们所看到的这些正在浮现的新趋势或模式？
- 我们需要做什么才能鼓励其中某些趋势？

决定性问题
- 这次的讨论对下一年度的销售策略提供了哪些信息？
- 我们需要采取的后续行动是什么？

结语

这是一次对我们启发良多的讨论，谢谢大家。现在刚好是我们即将要开始讨论销售策略的时间点，这次讨论的洞见会给我们提供很大的帮助。

学 问

F11 处理授权上的问题

→ 情境
一些经理向公司的首席执行官表达工作负荷过多，影响了家庭生活。首席执行官告诉他们，希望大家一起讨论出解决的方案。他暗示问题之所以会出现，可能是因为大家不愿意授权。所以经理们决定聚集一堂，讨论出可能的解决方案。

▲ 理性目标
针对这情况分享自己的想法，共同探索可行的方案。

▲ 体验目的
认识到大家都有这样的问题，也需要找出解决之道。

→ 提示
授权其实是首席执行官建议的讨论主题。这是大家必须严肃看待的题目。但是，讨论的引导者也必须对大家判断造成该情境的其他原因与解决方法保持开放及接纳的态度，平等重视其他浮现的议题。

→ 其他可应用的情境
讨论信息泛滥的议题时，也可以采用这样的讨论模式。

↳ 讨论内容

开场说明

让我们一起来谈谈并分享关于我们的压力和工作过量的议题，也讨论一下首席执行官提示的"这可能与授权有关"的问题。希望这次讨论可以激发出一些解决方案。我会把"授权"放进解决方案，成为其中的一部分，我也希望能听到一些其他的想法。

► 单元 F
有关管理与督导的讨论

客观性问题

- 让我们用几分钟的时间从客观的角度一同来描述这个情况。
- 如果用简单的几个字表达，你会如何形容我们现在的状态？（请大家照顺序——发表看法。）
- 请问各位每星期在公司工作的时数是多少？
- 大家是几点到公司，几点离开公司？
- 我们会把哪些工作带回家晚上做？

反映性问题

- 每天结束时，你对于这种状态的感受是什么？
- 早上醒来，你感觉怎样？
- 这种情况让你最泄气的是什么？
- 这种情况的危险在哪里？
- 你目前在什么情况下会把工作分派给下属？

诠释性问题

- 我们是怎么变成现在这种状态的？
- 为什么我们的工作这么多？这些过多的工作是从什么地方来的？
- 在这种情况下，你认为解决方案要包含哪些方面？
- 如果我们将授权当作解决的方法，我们可以授权的工作内容是什么？
- 哪些工作不适合授权？
- 授权的缺点是什么？
- 我们的下属会受到什么影响？
- 授权的优点在哪里？

决定性问题

- 我们每天需要有哪些不一样的做法以确认自己已将工作授权给他人？
- 谁有在授权上的经验可以供我们参考？
- 我们管理上所面临的问题中除了授权，还有什么其他的做法？

学问

结语

总之,我很高兴首席执行官有这样的洞察,鼓励我们坐下来讨论这些问题。谢谢大家想出不同的解决方案。我们也需要详细讨论其他的做法。什么时候可以继续讨论呢?让我们下星期二下午三点,在会议室继续我们的讨论。

> ▶ 单元 F
> 有关管理与督导的讨论

> **❗ 引导者可铭记在心的几个重点**
>
> 参与者扮演着两种角色，分别是发言者和倾听者。倾听对方所说的话以及发表自己的意见在对话的过程中是一样重要的。
>
> 回答问题，而不是针对他人的回答进行反馈。了解自己对于该问题真正的答案是什么。
>
> 倾听对话中真正的重点。通常，参与者会在听到其他人所说的第一句话后马上对自己说："我知道他们要说什么，也知道他们这样讲的原因。"其实应该好好把对方的话听完，然后找出对方真正想表达的意思。
>
> 注意，有些行为看起来像尊重对方的想法，实际上却在下一句话忽视了对方的想法。有的人表达意见时，一开始会说"我想要补充一下玛丽安所讲的"，但接下来说的却完全和玛丽安说的话完全相反。或者会说"我和约翰的看法完全一样"，然后却表达不同的观点。在这种情形下，这位发言者假装认同对方的看法，接下来却抹杀了它们。

F12 与厂商合作解决产品供应的问题

→ **情境**

这是一个有关重要订单的对话，由买主和供货商一起坐下来厘清合作的方式。双方都知道买主和供应商之间的关系可以变得混淆。如果买主购买的理念是零库存（Just in Time Purchasing），而供货商的态度都是优先服务老客户，那么严重的误解就可能会接踵而来。这次的对话，XYZ 公司指派了他们的销售代表、制造经理以及销售经理。ABC 公司的代表则是采购经理和运输部门的主管。XYZ 公司的销售代表将引导这次对话。

▲ **理性目标**

让两方的系统互动更顺利并且更有效果。

▲ **体验目的**

将隐藏的假设浮现于台面，在误解发生之前先做防范。

→ **提示**

关于"需要"和"期许"这两部分的答案，最好能够在挂起来的大白纸上记录下来。这些信息必须让参与者在讨论的过程中一直在眼前看得到。

→ **其他可应用的情境**

这种对话方式可以用来寻找服务维修合同中双方所遇到的问题。

↘ 讨论内容

开场说明

我是供货商 XYZ 公司的销售代表。大家有机会进行一些大规模的合作，所以首先我们想要厘清彼此运营系统的不同做法，看看彼此能够如何合作，希望在问题发生前就先解决问题。目前要讨论的是所有店面商品的供应。我认为大家应该先假设双方都有一定的弹性以促成交易，并且假设大家不希望互相指责的情况发生。

▶ 单元 F
有关管理与督导的讨论

客观性问题

- 先请 ABC 公司的伙伴分享一下你们对这次采购的需要和期许。
- 另外一位 ABC 公司的伙伴，有什么其他的想法可以补充？
- XYZ 公司的伙伴，你们对这次采购的需要和期许又是什么呢？
- XYZ 公司其他的伙伴们，还有哪些另外的看法可以补充？

反映性问题

- 两方的伙伴都可以说说，大家在以前遇到类似的情况时是如何处理的？

诠释性问题

- 我们现在面临的真正障碍是什么？
- 应该如何做才能突破这一些障碍？
- 我们还需要做到什么？

决定性问题

- 请 ABC 公司的伙伴分享，你到目前为止听到的决定是什么？
- 请 XYZ 公司的伙伴也一样分享一下。
- 我们还有什么其他需要讨论的议题？

结语

我想我们已经就重要事项达成了清楚的协议。接下来我和 ABC 公司的采购代表开会时，我们将以今天的协议为基础，处理剩下的细节。谢谢各位女士、先生的努力，这次的会议很有成效。

学问

F13 反省组织的转型

→ **情境**

组织正面临重要的转型，其中包括领导的更换、组织宗旨的变化，以及同事职务的调动。整体的改变是既成事实，现在的问题不是如何反对转型，而是如何通过创意和同理心来面对它。

▲ **理性目标**

找出共同点，通过创意来面对转型。

▲ **体验目的**

分享大家的困扰、担忧和焦虑等情绪，在这段时间彼此支持。

→ **提示**

这次讨论的重点在于转换大家的情绪，从悲伤、挫折和疑惑中转而让大家看到无限的可能性。

→ **其他可应用的情境**

这类讨论可以帮助同事以创意面对公司的危机。

↘ 讨论内容

开场说明

我们当中有些同事认为大家需要一点时间来谈谈以分享我们对现在情况的担忧，并且看看能不能帮助彼此走出困境。

客观性问题

- 何不让我们每个人轮流谈谈转型对你的生活有什么影响？珍妮，就从你开始好不好？
- 这次的转型是从什么衍生而出的？

- 要转型成什么？
- 有哪些不同的人提到哪些不同的解读？

反映性问题
- 在转型过程中，让你感到惊讶的是什么？
- 你注意到哪些迹象是同事们乐在其中的？
- 在哪些地方你看到同事们受到挫折？
- 大家的各种反应中什么让你感到忧心？
- 这一连串新的改变让大家最难接受的是什么？
- 讨论到现在，你对这件事的感觉经历了什么样的转变？

诠释性问题
- 这次转型给我们部门的同事可能带来的影响是什么？
- 在这次转型中，你看到什么优势或契机？
- 从转型中我们又看到了什么缺点或危机？

决定性问题
- 我们能给彼此什么建议以帮助我们应对转型？
- 在这段时间我们如何互相支持？该如何做到？
- 我们应该开始采取哪些行动来汇集我们的响应和整合支持体系？
- 谁来执行？

结语

我认为我们从这次讨论中体会到了集体思考的力量。我认为这段对话是帮助我们走过这转型期的第一步。

学 问

F14 凸显公司与竞争者对比之下的特点

→ 情境
一家竞争对手踏入了你的地盘，提供类似的服务。同一时间，你的组织内也出现市场占有率缩小、公司竞争优势流失等现象以及裁员、"天塌下来了"等传言。你决定把经理们找来，共同探讨你的组织和其他竞争者之间的差异，以及差异所带来的市场力量。

▲ 理性目标
客观地显现公司的营销优势以及公司的公众形象。

▲ 体验目的
让大家重新建立对未来的信心。

→ 提示
如果时间充裕的话，建议将有关优势方面的问题细分成更详细的问题，例如："我们产品上的优势是什么？""服务上的优势是什么？"建议将大家在诠释性层次中所发表的意见进行记录并提供给营销部门参考。重要的是避免疾言厉色。你要运用所有人的创造力去述说一个新的故事，并且重新思考策略以取得新的优势地位。领导者的客观和镇定是带有传染性的。

→ 其他可应用的情境
当一个组织希望找出自己在市场中的独有特点时，此类讨论相当合适。

↘ 讨论内容

开场说明
大家都在谈论 JKL 公司抢占了我们的市场。我想务实地全面讨论会对我们很有帮助，有助于我们了解公司在这样的竞争态势下处于什么样的位置。昨天我把 JKL 的公司概况、年度报告、宗旨和愿景说明都提供给各位了，希望各位都已经阅读了内容。让我们一起来看看我们发现了什么。

客观性问题

- 我们目前对 JKL 公司所知道的是什么?
- JKL 销售什么?
- 提供什么服务?
- 在这方面的经验有多久?
- 他们的根据地在哪里?
- 我们对他们的资产知道些什么?
- 他们怎么描述他们的企业使命?
- 对于他们的运营风格,我们曾经听到什么信息?

反映性问题

- 当你听到有关 JKL 公司的信息时,你的反应是什么?
- 一般而言,同事们的反应如何?

诠释性问题

- 你觉得他们会有这样的反应的原因是什么?
- 从哪方面来看,他们的反应是合理的?
- 从整体上,我们公司和对方相比较而言,优势是什么?
- 什么是我们有但对方没有的?
- 更明确地说,在产品、服务、销售、营销、客服、理念、价值观上,我们有什么优势?
- 和 JKL 公司相比较,我们的劣势是什么?
- 从 JKL 公司的动作里,你看到了我们的什么危机?
- 你看到了我们的什么契机?

决定性问题

- 我们应该采取什么行动来充分发挥我们的优势?
- 如何克服我们的弱点?
- 关于这所有的竞争态势,我们在组织内要有什么新的说法?
- 我们可以采取什么具体的步骤来提振大家的士气?

学问

- 身为经理人的我们在接下来几天有哪些步骤要执行?

结语

这次讨论帮助我化解了许多自身的担忧。通过大家的讨论,我们已经找出了新的说法中所应当包含的要素,包括我们要怎么做以及获得怎样的成功。我会把这次讨论的笔记整理后发给各位,以便各位向你的部门内的主管说明。

▶ 单元 F
有关管理与督导的讨论

> **!** 引导者可铭记在心的几个重点
>
> **焦点讨论法的五项假设**
>
> 1. 每个人都拥有他的智慧。
> 2. 我们需要每个人的智慧才能得到最具智慧的成果。
> 3. 没有错误的答案（所有的响应都有其智慧存在）。
> 4. 整体大于部分的总和。
> 5. 每个人都会听到他人，也会被听到。

学问

F15 针对组织重整计划出阶段性的时间表

→ **情境**

一群主管正在设计整个公司的组织重整计划。这次开会的目的是要拟定接下来几个月的工作计划。他们都很清楚需要的是什么，但是对于实际的问题有很多不同的看法。他们也了解员工急迫期待这些问题能够得到解决。

▲ **理性目标**

汇集所有可得的信息，让整个计划动起来，开始执行。

▲ **体验目的**

终结令人焦虑的猜测，开始做出一系列的决策。

→ **提示**

将客观性和反映性问题的答案记录在挂起来的大白纸上。到了诠释性层次的讨论时，可以在墙面上设置时间轴以排列信息。把任务分别写在卡片上，这样就可以很容易根据日期在时间轴上移动。

→ **其他可应用的情境**

在规划重要的阶段性工作且员工对未来有强烈的不安感时，都可以运用这类讨论。它可以应用在组织重整、重组、再造中。

讨论内容

开场说明

我们需要在很短的时间内制订工作计划，好让我们汇集数据及进入运行时间。沃特答应为我们记录这次讨论的内容，以便让大家随时看得到我们讨论的进展。

客观性问题

- 首先让我们回顾一下整体的情况。在这次重整计划中，我们最终的目标是什么？

> 单元 F
> 有关管理与督导的讨论

- 在重整的第一阶段，我们已经完成了哪些事情？
- 哪些是我们有使命一定要完成的主要目标？
- 哪些人参与了重整的第一阶段？
- 关于接下来可以选择的做法，我们准备了哪些资源、研究报告和其他文件？

反映性问题

- 对于这次的组织重整工作，你有哪些顾虑？
- 你会如何形容现在组织内的氛围？
- 我们需要考虑哪些和人相关的重要因素？

诠释性问题

- 有哪些部分的工作必须完成？
- 我们必须做出哪些重要的决策？
- 资源和人力方面的因素会如何影响这些决策的制定时间？让我们把这些必须进行的决策放在时间轴上。

决定性问题

- 接下来的工作显而易见的三至四个阶段会是什么？
- 用什么比喻（如某项运动、休闲活动等）可以形容我们即将踏上的旅程？
- 这次讨论的成果应该与谁沟通？

结语

这次讨论真的让我们把接下来几个月可能面临的混乱状况做了很好的整理，也让我们有了可行的工作架构。

学 问

F16 新任经理反省其领导角色

→ 情境

组织刚刚从员工中晋升了几位经理。一位资深经理把大家聚集起来共同反省、分享彼此在高效领导上的经验。

▲ 理性目标

让新晋升的经理回顾自己接受主管领导的经验，由此学习到高效领导应该有与不应该有的行为。

▲ 体验目的

让这些新晋升的经理了解他们的工作是一个学习的场域，在这个角色上他们可以分享各自的经验，以及感受下属的支持。

→ 提示

担任引导者的资深经理在提出第一个问题后，可以率先分享自己的故事，让大家的思绪流动起来。这个故事应该简短，同时要说到重点，以示范出回答问题的方式。这也可以运用于一对一的对话。

→ 其他可应用的情境

只要将少许的字眼换掉，就可以运用于引导新上任董事/理事之间的讨论。

↘ 讨论内容

开场说明

欢迎各位升职，也恭喜各位。我想在接下来几个月中让大家定期会面讨论，从彼此身上——不是从我身上——学习，对各位会有很大的帮助。今天我想请大家思考一下有关主管的经验。虽然不是每个人都有长时间担任主管的经验，但是每个人都曾经在主管底下工作过。我相信大家从这些经验中会领悟到一些智慧，知道哪些是可行的做法，哪些是不可行的做法。今天早上我想邀请各位分享这些

> 单元 F
> 有关管理与督导的讨论

智慧。在讨论过程中，我只会提出一些问题，除此以外，我要说的不多，所以请大家踊跃发言。我想从一些客观性问题开始讨论。坐在后面的同事詹姆斯会把大家的洞见记录下来发给各位。请记住：讨论中没有错误的答案。

客观性问题

- 我请大家回想一个过去主管有效领导你的例子。我们每个人轮流依照顺序分享自己想到的例子。我再重述一次我的问题："你过去经验中被高效领导的一个例子是什么？"（请每个人分享。）
- 你过去经验中无效领导的例子是什么？

反映性问题

- 高效领导带给你什么样的感受？
- 无效领导带给你什么样的感受？

诠释性问题

- 高效和无效的领导方式有哪些不同之处？
- 高效的领导方式包含了哪些要素？
- 无效的领导方式包含了哪些要素？
- 领导的目的是什么？
- 陷阱在哪里？
- 要做到高效领导，经理必须做出什么努力？
- 经理本身必须做出什么改变才能成为高效的主管？

决定性问题

- 要成为更好的主管，你认为自己接下来该采取哪些步骤？
- 你预期在接下来的几个月中，你需要什么样的协助或支持？
- 你建议我们如何提供这些协助或支持？
- 要做好这些准备，有哪些接下来的步骤？

结语

这是一段富有启发性的对话。大家提出了相当深刻的见解。詹姆斯会确保大家都收到一份今天讨论的记录。我建议大家在接下来几个月探索成为一名经理的真正的意义时随时参考这份记录。

学问

F17 评估一门培训课程的成效

→ 情境
管理层指派多名员工参加了一门培训课程。关心此事的经理们聚在一起,想要评估这次的培训以及员工将培训所学运用在工作上的情况,以便测试培训课程的成效,也能让管理层了解是否应该让其他员工也去参加同样的培训课程。

▲ 理性目标
了解培训课程整体的成效。

▲ 体验目的
从参与培训员工的行为改变与工作效能的角度了解该培训课程的相对成功程度。

→ 提示
假设参与讨论的人都积极参与的话,这个讨论至少需要进行一小时。但你不一定需要提出所有的问题。如果你只有20~30分钟的时间,你可以从中选择5~7个关键性问题。但要确认选用的问题涵盖到客观性、反映性、诠释性、决定性四个层次。

→ 其他可应用的情境
这类讨论也可用于评估许多员工参与的研讨会。

↘ 讨论内容

开场说明
今天早上我们讨论的主题是许多同事在一个月前参加的培训课程。希望能通过今天的讨论,了解培训的"成果",也就是说课程发挥了什么成效。我们特别希望讨论大家对于参与者的观察、他们在培训后的行为改变,以及他们工作绩效的改善程度。每个人的回答都将严格保密,只有非针对个人的响应会出现在报告中。

> 单元 F
> 有关管理与督导的讨论

客观性问题

- 首先让我们先回顾这次的课程，它包含了哪些部分？
- 你的下属中有几位参与了这次的课程？
- 你听到参与者对这次的课程表达了什么看法？
- 从课程结束以后，你注意到参与者有什么变化？

反映性问题

- 在这些改变中，什么让你感到振奋？
- 什么结果让你感到惊讶或疑惑？

诠释性问题

- 你注意到什么样的行为改变？参与者因为这门课程而有什么不一样的行为？
- 在哪些地方看到参与者工作绩效上的改善？请提供实际的例子。
- 在哪些地方看不到变化？
- 在顾客服务方面，你看到了哪些改进？请提供实际的例子。
- 在积极主动方面，你看到了哪些改进？请提供实际的例子。
- 哪些问题似乎已经在这次的培训中处理了？
- 还有哪些问题尚未处理？
- 最近发生的哪些事情会帮助或妨碍参与者应用他们从课程中学到的内容？

决定性问题

- 从我们讨论到现在所听到的信息来看，你对这次培训课程的效果得出什么样的结论？
- 课程好的地方在哪里？
- 不好的地方在哪里？
- 你对于安排其他员工上同样的课程，有什么看法？
- 下一步要怎么做？

学 问

结语

大家对这次培训的成效发表了非常珍贵的见解。我会尽快将这次讨论的内容记录交给各位。在下次的经营管理会议中，我们会讨论下一步行动如何执行。

> ▶ 单元 F
> 有关管理与督导的讨论

> **!** 引导者可铭记在心的几个重点
>
> 避免否定他人的意见或参与。编造出各式各样的故事贬低其他人的参与很容易，例如："她只不过是个小秘书，能知道什么？"或"这只不过是管理层又要来管闲事了。"如此一来，他人的贡献就被否定为错误、不真实、废话、不值得信任。
>
> 另一个偶尔可见的假设是"保持沉默的人没有话要说"。人不说话，往往是因为没有机会插嘴，或者个性太害羞而需要引导者在旁鼓励。引导者可以说："我注意到整个团队里只有4~5个人在说话。我想，大家都有兴趣知道每个人对这个主题有什么看法，所以我想请还没说过话的人谈谈。"
>
> 有些人则是因为职位上的关系（秘书、工友、跑腿的助理等），假设自己没被允许说话时，就只能像根木头一样保持安静。引导者或团队中较为敏感体贴的人应该质疑这个假设，邀请所有的人参与对话。

学 问

F18 制定参与准则

→ **情境**

一个新的工作小组刚开始运作，其中的成员来自不同的部门与文化。他们因为过去在这种特别成立的小组内工作时有过非常不好的经历，所以想要为这个小组制定参与准则。

▲ **理性目标**

让小组从过去的经历中制定参与本小组工作时应遵循的准则。

▲ **体验目的**

激发大家的信心，相信彼此在一起工作可以既有生产力又无不必要的压力。

→ **提示**

要限制用在客观性层次的时间，因为大家会很快融入热烈的讨论。在决定性层次上，如果讨论出超过 12 项准则，你可能需要将它们分类，并且给各个类别命名，或者请大家依照重要性排出优先级。

→ **其他的运用方法**

这类讨论可用在任何大家一起进行的活动上，以制定行为准则。

↘ 讨论内容

开场说明

我们希望制定参与准则，以便让我们一起工作时更有生产力，也更没有压力。请大家回想过去参与工作小组的情况，可以是成功的经验，也可以是不成功的经验。

客观性问题

- 如果我身处你所想到的情况中，我会看到什么？
- 我会听到什么话？

- 我会在大家的脸上看到什么表情？
- 谁在参与？谁没有参与？

反映性问题
- 开会进行得最好的是哪部分？
- 开会进行得最不顺利的是哪部分？
- 会议结束时，大家的心情如何？

诠释性问题
- 那时什么样的行为能帮助众人参与？
- 为什么会如此？
- 那时什么样的行为妨碍了众人的参与？
- 为什么会这样？
- 截至目前，我们对"什么能帮助众人参与"学到了什么？
- 我们对"什么会妨碍参与"学到了什么？

决定性问题
- 从我们刚刚谈到的内容中，你听到的一项明确的参与准则是什么？
- 另外一项明确的准则又是什么？（确定你的答案是从真实的经验而来。）
- 还有哪些比较不明显的准则？
- 还有哪些是我们还没提到的？

结语

谢谢大家的意见。我会把这些整理出来贴在公布栏上。我们开始一起工作后就会感觉到这些准则是否合适。

单元 G

有关个人与庆祝式对话的讨论

> 在剧变的时代，唯有持续的学习者才能拥抱未来。认为自己知道一切的人，最后只会存活于不再存在的世界里。
>
> ——埃里克·霍弗（Eric Hoffer）《人类状况的思考》（*Reflections on the Human Condition*）

> 人类沉迷于制造与管理，早已不再接触真实生活的许多层面。其存在本质已经耗尽，不属于自己。因此节庆不再只是生命的奢华享受，而是人类连接自己与时间、历史、永恒的场合。
>
> ——哈维·福克斯（Harvey Fox）《傻瓜的盛宴》（*Feast of Fools*）

读者将在本单元中阅读到以下讨论范例。

G1．对今天的反省

G2．从生命中的重要事件学习

G3．规划个人的成长

G4．引导者在引导团队时的内在反省

G5．评估一项额外的工作

G6．庆祝重要的成就

G7．庆祝一位同事退休：与这位退休同事的对话

G8．庆祝一位同事退休：团队的回顾

G9．为同事庆生

G10．访问本月最佳员工

本书中绝大多数的讨论范例都属于人与人之间的互动。然而本单元最开始的五个范例，却属于个人内在的层面，是与自我的对话。你提出问题，你自己回答。

▶ 单元 G
有关个人与庆祝式对话的讨论

这样的反省提供了个人对职场事件和议题深入思考的机会。

前三个范例是作为个人学习的工具。第四个稍微有点不同，它是引导者在情况不如预期时于脑海中进行的自我对话。在这个例子中，焦点讨论法被用来进行问题和解决方案的快速分析。第五个"评估一项额外的工作"，提供了在决定如何面对生命中的新挑战时个人内在思考的范例。

本单元的其他五个范例则是和组织内的庆祝活动有关的讨论。高绩效的团队一定会肯定其成员及成就，它通常以充满创意、意义丰富的节庆方式来庆祝。鲍曼（Bolman）和迪尔（Deal）在《生命的领航》（*Leading with Soul*）一书中就描述了仪式和象征性生活在一个组织内所扮演的角色。

> 一个组织若缺乏丰富的象征性生活，就会变得空虚、毫无生气。特殊节日的魔力在构建集体生活的意义上是至关重要的……没有了仪式和庆典，所有的变化就不会完整，而只是来来去去的杂乱过程。"生命成了永无止境的星期三。"真诚和谐的仪式能点亮想象力、激发洞察力，也能深深触动人心。庆典将过去、现在、未来编织入生活持续的美好画面之中。

许多商业和管理书籍都曾谈到组织严肃、紧绷的运作模式。有些组织意识到太过严肃、太多压力的后果，而指派"娱乐部长"或"庆典专家"，以确保能有足够的、实时小小疯狂一下的活动，在需要的时候改变职场的气氛。

传统企业会举办餐会、剪彩仪式、庆功大会。不过卡西·迪佛斯（Cathy DeForest）谈到的却是有觉知的庆祝。

> ……这类事件彰显了能提升参与者的意识到现实的更高秩序的重要时刻……有觉知的庆祝来对自我的觉知，可帮助人们触及他们的潜能，以及增强他们对于物质与精神生活间之关联的觉察。它是组织精神层面的现代联结。它也是与过去的联结——过去的历史和智慧，以及与未来的联结——未来的愿景与梦想。[摘录自约翰·亚当斯（John Adams）《蜕变领导》（*Transforming Leadership*）原文第 216 页。]

组织内庆祝性质的活动有很多。本单元把焦点放在以下四种：员工生日、退休、团队的胜利、本月最佳员工。

学问

G1 对今天的反省

→ **情境**

你正在利用几分钟的时间回顾今天一天并在日志中写下你对一连串问题的答案。

▲ **理性目标**

反省今天发生的事,从当中发掘意义。

▲ **体验目的**

从困难与成就中学习。

→ **提示**

你可以将这些问题及想要附加上去的问题制作成恰当的格式,贴在工作日志或手记后面;然后挑每天的同一个时间进行这个过程。这对于培养每日反省的习惯来说很重要,也是作为终身学习者的关键。时间可以是在下班后离开办公室前、在火车或公交车上,或者刚回到家之后。这些反省如果持续每天写在日志中,将是一生非常有价值的记录。

→ **其他可应用的情境**

只要略加修改,即可将此讨论应用在反省刚刚参加完的活动上。

↘ **讨论内容**

开场说明

我已经准备好以下这些问题,而且即将要把我的答案写下来。

客观性问题

- 我记得今天哪些场景、事件、画面和对话?
- 我今天做了哪些事情?
- 谁对我说了些什么话?

▶ 单元 G
有关个人与庆祝式对话的讨论

反映性问题
- 整体来说今天的情绪如何？我今天是比较像一只充满攻击性的犀牛，还是像一条缓缓而行的溪流？我会用什么图像来形容我今天的情绪？
- 今天精彩的地方在哪里？
- 低谷又在哪里？
- 我在什么时间点上努力奋斗？
- 我努力奋斗的是什么？

诠释性问题
- 我从今天学习到什么？
- 我需要记住哪些今天所获得的洞见？

决定性问题
- 我能将今天所学习到的用在未来哪些情况中？
- 我会如何为今天命名？（尝试用一个像诗句般的标题捕捉你对这个问题的响应。）
- 今天还有哪些尚未完成的事情在明天必须继续进行？

结语
当我审视这些答案，是否还有什么地方需要补充或加上注记？

学问

G2 从生命的重要事件中学习

→ **情境**
你在工作上（或在家里）刚刚经历了一件富有冲击性的事情。你需要一些时间思考。

▲ **理性目标**
深度思考这件事的含义，并从中学习。

▲ **体验目的**
让该体验改变你。

→ **提示**
将问题的答案记录于私人手记、笔记或日记内，让你随时可以回顾这些思绪。如果时间并不充裕，每个层次只找一个问题来回答。

→ **其他可应用的情境**
你可以在儿女或朋友在经历重要事件之后，和他们进行这样的讨论。每周结束时，也是进行自我反省的适当时机。

↘ 谈话内容

开场说明（对自己）

我的生命里充满了事件。有些令人喜悦，有些令人伤痛；有些悲惨，有些幸福。所有事件都有其含义并能从中学习。这些我也能够从这次的事件中得到。

客观性问题

- 今天这件事真正冲击到我。当时发生了什么事？
- 这件事包含了哪些基本元素？
- 这件事是如何开始的？又是如何演进的？
- 这件事如何结束？事情的核心点是什么？

- 我在其中的角色是什么？其他人扮演的角色又是什么？

反映性问题

- 在这件事发生的过程中，我的感受如何？
- 这件事过后的感受呢？
- 这件事让我联想到自己生命中哪些其他事件？
- 在这件事中，什么跳出来抓住了我的注意力，呼唤我要"注意"？

诠释性问题

- 这件事给我的生命带来了什么意义？
- 在这件事之后，我有什么不一样？

决定性问题

- 这件事的"所以呢"（So What）是什么？
- 这件事的发生是在要求我做什么？
- 我需要做出什么决定？
- 我如何为这件事命名？

学 问

G3 规划个人的成长

→ **情境**

本篇是应用焦点讨论法的架构来思考个人成长的方法。里面的问题是由你的导师设计的，让你写在日记中回答。整个思考的过程需要耗费数日。

▲ **理性目标**

决定为了个人的成长需要做些什么。

▲ **体验目的**

让自己进行自我审视与反省的过程。

→ **提示**

本篇中客观性问题是属于极端私人的问题，需要纪律才能好好回答。仅是回答这些问题，你可能就已经走过了四个层次。你可以试试扮演一位"客观的旁观者"，从客观的角度看你自己。强烈建议你用日记或笔记本做记录或存于电脑中。在做记录时，在边界留一些空间，以方便以后补充注记。

→ **其他可应用的情境**

青少年在写日记时可应用本篇的问题来帮助写作。

⤵ **讨论内容**

开场说明

我诚心期待这个个人反省成长的机会并决心诚实回答这些问题。

客观性问题

- 其他人在各种时候曾经如何评价我的才华和潜能？
- 我的经理、导师或同事曾经给我什么样的反馈？
- 我认知到自己的主要形象是什么？

- 在其他时刻，我还有哪些不同的形象？

反映性问题
- 我会如何描述我平常的情绪状态？
- 我对什么事物反应较为激烈？
- 什么事会激励我？
- 什么事让我感到泄气？
- 什么事让我感到悲伤或焦虑？
- 上面反映性层次的答案中，哪些与我个人的形象抵触？
- 从到目前为止的答案中，我看到什么倾向或关联性？

诠释性问题
- 我对自己的性格类型有哪些了解？
- 我如何评价自己能够贡献的天赋？
- 我的风格的优点是什么？
- 缺点是什么？
- 我生命中出现的什么挑战召唤我去发展自己的其他层面？
- 我需要放弃哪些价值观才能接纳新的观念？
- 我需要接纳哪些新的价值观？
- 我自己持有这些价值观时的新形象是什么？
- 在我的风格中，有哪些看得到的新层面能体现新的形象与价值观？

决定性问题
- 我需要创造出一个什么样的象征图像，以提醒自己这些我想要实现的新的形象、价值观和风格？
- 我需要经常接收到什么信息或想法，好让新的形象和价值观"渗入"我的内心？

结语

一个星期后，我会再回来阅读我现在所记录下来的答案，以及在旁边空白处补充注记我对自己的观察。之后，我会和我的导师约一个时间，谈谈我的想法。

学问

G4 引导者在引导团队时的内在反省

→ **情境**

引导者正在引导某个规划会议。当进行到一半的时候，他发现面临了一个危机：他提出的问题踩到地雷，导致大家开始互相指责。引导者必须在当场进行快速思考。

▲ **理性目标**

了解目前的问题并处理它。

▲ **体验目的**

负起责任，处理当时情况。

→ **提示**

若要让团队恢复建设性的对话，这种内在反省必须很快进行。

→ **其他可应用的情境**

这种内在反省可用于任何需要观察—判断—权衡—决定的过程。引导团队进行一个较长的流程时，在会议与会议之间也可以进行这样的反省。

↘ 讨论内容

开场说明

这是一个危机。我得采取一些行动。

客观性问题

- 现在正在发生什么事？
- 大家说话时用了哪些字眼或词汇？
- 有什么背景信息是我所了解的？

反映性问题

- 我注意到自己有什么样的反应？

▶ 单元 G
有关个人与庆祝式对话的讨论

- 团队有什么反应?

诠释性问题

- 是什么原因让我们有这些反应?
- 造成这种情况的可能原因有哪些?
- 接下来继续进行时我要秉持什么价值观?

决定性问题

- 我能做什么来维持这些价值观?
- 我的下一步是什么?

结语

(实际进行下一步。)

学 问

G5 评估一项额外的工作

→ 情境

公司经理请一位员工考虑接下一项额外的工作，这位员工也承诺要好好考虑。之后，这位员工设计了以下的问题，以帮助自己决定是否要接受这项额外的工作。她将这些问题的答案写了下来。

▲ 理性目标

观察整体情况，收集自己关于进行这项额外工作的各种观点，判断自己在这件事上的动力与恐惧，并衡量状况、相关的原则、接下这份工作的优缺点等，以做出决定。

▲ 体验目的

体验做出一个完全自主、负责任的决定，接受此决定的所有结果。

↘ 讨论内容

开场说明

就目前的情况，我尚未做出任何决定。我可以接下这项工作，也可以拒绝。我想要考虑所有的因素，然后自主地做出决定：接受或拒绝。

客观性问题

- 经理希望我接下的这项工作是什么？
- 这项工作涉及哪些任务？
- 需要什么样的技能？
- 需要投入多少时间和精力？
- 还有谁会和我一起投入这项工作？
- 需要多长时间才能完成这项工作？或者每天必须投入多少小时？
- 这项工作会影响哪些人？

▶ 单元 G
有关个人与庆祝式对话的讨论

反映性问题

- 我对这项工作的直觉反应是什么？
- 接下这项工作的好处是什么？
- 我看到了哪些坏处？
- 伴随这项工作而来的是什么新的机会？
- 它还会带来什么风险？值得冒险吗？
- 接下这项工作会对我目前的工作产生什么影响？

诠释性问题

- 对这次的决定，我有什么洞察正在慢慢浮现？
- 到目前为止，我对接下这项工作的答复是什么？
- 如果我说"好"，我需要准备面对什么样的结果？
- 如果我说"不好"，我可能需要面对什么样的遗憾？

决定性问题

- 所以，我的答案所指出的意向是什么？
- 我的决定是什么？
- 如果我到现在仍然无法做出决定，我必须决定的时间是什么时候？
- 我还可以咨询或请教谁？

结语

我很高兴能够用这种方法来做决定。这就是我要告诉经理的决定。(或者我要先和某某人谈过之后再回顾这次的自我对话，然后做出决定，告诉经理。)

277

学问

G6 庆祝重要的成就

→ **情境**

某个团队才刚刚完成一份合同，又立刻接到一份更大的合同。整个部门都想要庆祝这件事。部门经理订了香槟、杯子和点心，布置了庆祝会场。大家已经集合在一起，经理跟大家举杯庆贺了一番，之后邀请大家分享这次的成就。

▲ **理性目标**

从成就中学习。

▲ **体验目的**

对团队的积极努力表达肯定与感谢。

→ **提示**

有的人可能希望在反省性的对话结束之后再举杯庆祝。

→ **其他可应用的情境**

当一个团队或部门要反省过去一季的成就时，也可进行类似的对话。

↳ 讨论内容

开场说明

我们是一个学习型的组织，因此我们总会想要从成功、错误和失败中学习。我想邀请各位一起聆听团队对于这次成就的反省。

客观性问题

- 我们当中有些人从合同一开始就已经投入工作当中。在所有我们举杯庆贺的成就中，你做了哪些事？
- 请我们当中的一位同事简短地叙述它发生的经过。
- 其他的同事们，他还有什么没说到的？

> 单元 G
> 有关个人与庆祝式对话的讨论

- 还有哪些要补充？

反映性问题

- 在成功的那一刻，你的感觉是什么？
- 在成功前，你经历了哪些低谷？
- 在这当中，你所曾经面临的最大挑战是什么？

诠释性问题

- 你从这次的成功当中学到了什么？
- 在迈向成功的历程中，你一路上又学到了什么？

决定性问题

- 要给这次的成功经验起一个名字的话，你会怎么说？也许是一句优雅的诗句。
- 你给部门同事什么建议？

结语

这是很精彩的对话。真高兴我是这个团队的一分子，而且能够参与这次活动。让我们再度恭喜各位。也如同各位所期许的，展望未来，这只不过是我们众多巨大成就中的一个。让我们为团队欢呼三声！

学 问

G7 庆祝一位同事退休：与这位退休同事的对话

→ **情境**

有一位同事在服务多年后即将退休。在一场为他举行的庆祝会上，司仪用汤匙敲敲杯子，吸引大家的注意力。之后在所有同事的聆听下，司仪与这位退休的同事进行了这场对话。

▲ **理性目标**

认识到这位同事即将离去。

▲ **体验目的**

让这位同事谈谈自己在公司工作这些年对他的意义，并思考退休后的生活。

→ **提示**

在这种场合有至少两种可以进行的对话。本篇是由退休的同事在大家面前谈谈自己过往在组织内的生活种种，以及他对未来的计划。另一种对话则是与大家讨论这位退休的同事（请参照范例 G8）。请注意不要将两者混为一谈。

→ **其他可应用的情境**

此对话的设计经过适度调整后，可用于庆祝生命中其他重要历程的结束。

以退休同事为对象

↳ **讨论内容**

开场说明

很高兴大家此刻能聚在一起，共同庆祝比尔即将到来的退休。我觉得这是个很适当的时间，停下来片刻，听比尔谈谈在公司服务这些年来的感想，以及他未来的计划。请比尔到前面来，让大家都看得到你。

▶ 单元 G
有关个人与庆祝式对话的讨论

客观性问题
- 比尔，你在公司服务多久了？
- 你曾经担任过哪些职务？
- 回忆你刚进公司的那段时间，你还记得哪些事？

反映性问题
- 在公司服务的这段时间里，你感到最满意的是什么？
- 在这里所经历过挑战最大的任务是什么？
- 在你身上曾经发生过什么好笑的事情？
- 你曾在何时动过辞职不干的念头，但没有真的这样做？

诠释性问题
- 公司对你的意义是什么？
- 在这里工作这些年，对你的意义是什么？
- 离开这里对你的意义是什么？

决定性问题
- 退休以后的生活，你期待什么？
- 你愿意跟我们分享你的哪些退休计划？
- 在你人生的下一个阶段中，你期待完成什么？

结语

比尔，我代表公司所有的同事，希望你能感受到你在这里的这些年对我们和对公司的意义有多么深远。我们祝福你的退休，也赠送给你这份礼物，代表我们的感谢（呈送礼物）。我们也希望你知道，以后任何时刻只要你想来公司看看我们，或以导师的身份向后辈提供你的智慧，我们都非常欢迎。只要告诉我们一声，我们就会做好安排。

学 问

G8 庆祝一位同事退休：团队的回顾

→ **情境**

比尔在公司服务多年后即将退休。他的几个同事都觉得应该做点什么来表扬他的成就，也表达大家对他的感谢。所以大家决定帮他办一场庆祝活动，做一个演示，一起谈谈他对公司的贡献。

▲ **理性目标**

认识到这位同事即将离去。

▲ **体验目的**

表扬他的贡献，祝福他的未来。

→ **提示**

决定性层次的问题中可以包含直接询问比尔的问题，邀请他分享自己未来的计划。本篇对话代表了为同事庆祝退休的第二种讨论形态。范例 G7 中所设计的问题是以退休同事为对象的，而不是以整个团队为对象的。

→ **其他可应用的情境**

此对话的设计经过适度调整后，可用于庆祝生日、庆祝获奖或庆祝生命中其他重要历程的结束。

以团队为对象

↘ **讨论内容**

开场说明

很高兴大家能聚在一起，共同庆祝比尔即将到来的退休。我们想要通过这次谈话来表达对比尔的感谢以及他对我们的意义。接下来的问题是向大家提出的，所以任何一个人都可以回答。请随意加入谈话，不需要举手或做任何示意发言的动作。

客观性问题
- 我们每个人在工作中最开始遇到比尔是什么时候？
- 比尔跟我们一起工作多久了？
- 谁可以很快地分享一个和比尔互动的故事？

反映性问题
- 比尔总是让你感到惊讶的是什么？
- 当你想到比尔时，你会联想到什么？
- 你记得有关他的哪些趣事？
- 你记得他曾经参与的哪些任务？
- 你记得比尔曾经对你说过的什么话？

诠释性问题
- 有比尔在公司里，对我们的意义是什么？
- 我们要如何形容比尔对我们公司的贡献？
- 他不在时，我们会怀念什么？

决定性问题
- 值此比尔即将退休之际，我们要给他什么样的祝福？
- 我们对他未来的生活有什么希望和期许？

结语

我想我们已经从内心深处表达了比尔对我们的意义，以及他对公司而言有多么珍贵。比尔，我们祝福你拥有美好的未来。

学问

G9 为同事庆生

→ **情境**
团队成员齐聚一堂，为其中一位成员庆生。

▲ **理性目标**
营造一个场合，以赞许这位同事的独特之处，以及他对团队的贡献。

▲ **体验目的**
让所有成员有机会口头感谢这位同事带来的天赋与贡献。

→ **提示**
为某人规划庆祝活动前，尤其是第一次为他这样做时，记得征求对方的同意。庆祝的对话时间可以很短，五分钟是个适当的长度。身为引导者，自己先准备好反映性问题的答案，谈到祝福时也可以自己先开始说，以避免尴尬的沉默。

→ **其他可应用的情境**
某位同事即将离开团队或组织时，也可以应用类似的对话。略为修改后，主管可以将之应用在与某位员工回顾过去的一年。

↘ **讨论内容**

开场说明

给你一个惊喜！（唱《生日快乐》歌，把蛋糕分下去。）

客观性问题

- 各位，现在我们要来聊聊罗苹这个人。
- 罗苹，过去的一年中，在工作、家庭或朋友圈子里，有哪些对你重要的事件？
- 身为罗苹的团队伙伴，我们记得哪些与罗苹有关的场景？

▶ 单元 G
有关个人与庆祝式对话的讨论

反映性问题

- 我们记得哪些与罗苹有关的趣事?
- 我们记得她曾经参与哪些任务?

诠释性问题

- 罗苹，你对接下来的一年有什么期待?

决定性问题

- 我们要给罗苹接下来的一年什么祝福?

结语

罗苹，生日快乐! 祝你下一年更美好。

学 问

G10 访问本月最佳员工

→ 情境
苏珊因为领导有方，将收发室成功转型为利润中心，因此而荣任本月的最佳员工。她将原本内部的运营变成一个新的业务分支单位，为几位新客户提供印刷和邮寄的服务。在她受奖的场合，有许多同事在场观礼。公司副总邀请苏珊回答一些问题，分享她是如何办到的。

▲ 理性目标
表扬苏珊的成就，让她积极进取的精神成为模范。

▲ 体验目的
赞赏苏珊的贡献，也激励他人和她一样积极进取。

→ 提示
可以事先和苏珊分享要提出的问题，让大家能听到她完整思考过后的回答。

→ 其他可应用的情境
任何要了解某项成就的对话都可以运用这个范例。

↘ 讨论内容

客观性问题
- 首先，你是如何想到这个点子的，苏珊？
- 你做了什么来筹备这次改变？告诉我们过程中发生的故事。

反映性问题
- 当你决定要执行这个新的做法时，你的感受如何？
- 什么时候让你感到气馁？

▶ 单元 G
有关个人与庆祝式对话的讨论

诠释性问题

- 对于促成改变的发生,你学到了什么?

决定性问题

- 可不可以告诉我们你接下来的行动?你下一步想做什么?

结语

谢谢你分享你的心得给我们。大家拥有的愿景和领导才华总是让我印象深刻,我总是好奇接下来是谁会做出创举。让我们再一次为苏珊杰出的领导力鼓掌。

学 问

> **!** 引导者可铭记在心的几个重点
>
> 　　通常，让每个人都回答第一个问题，对于破冰会有很好的效果。第一个问题最好简单些，让每个人回答时都不会有困难。如果第一个问题是"当你阅读这份报告时，哪些句子引起你的注意"，那么你可以这样问："我们的第一个问题先从小罗开始回答，然后按照顺序绕一圈，依次轮流回答下去。小罗，报告中哪些句子吸引了你的注意力？"（等到小罗回答完后，目光看向下一位参与者，等候他的响应。）

附录

附录 A
可参考的反映性问题与诠释性问题

反映性问题与诠释性问题似乎是准备引导讨论时所面临的最大挑战。引导者常常抱怨构思反映性问题时的困难。有些引导者考虑商业环境的需求，希望能想出一些不含"感觉"这两个字的反映性问题。但是我们如何用其他方法来提出这些问题呢？以下是根据哥登·哈波（Gordon Harper，文化事业学会西雅图分部）所构思出的一些不同类型的反映性问题，提供给读者参考。

同样，有些人则较不善于构思诠释性问题或追问性质的问题。以下后半部是诠释性问题的范例。

哈波反映性问题范例

— 在以往的经历中，你曾经有过什么样类似的体验？当时的情形如何？在过去，你在什么情况下曾经目睹它成功？在什么情况下曾经目睹它失败？

— 从这些资料中，你看到什么关联性？有什么你看起来彼此相关或彼此一体？有什么你还没有看出彼此的关联？还有什么是你脑海中仍然无法了解的？

— 当你听到这个时，有什么过去的事件或故事从你的脑海中浮现？它让你想到哪句名言、哪首歌曲的歌词，或某部电影的台词？

— 这次的体验让你最喜欢的是什么？整个项目让你最讨厌或感到挫折的是什么？

— 在这当中，你觉得有新意或创新的是什么？其中什么一种"老套"的感觉？

哪些又让你有"他们终于做对了!"的感觉?

— 这份报告让你惊讶的是什么?让你感到充满希望的又是什么?什么让你嗅到新契机?什么让你迟疑?什么让你忧心?什么地方让你看到危险?

— 当阅读它的时候,你注意到自己呈现出怎样的肢体语言?什么地方让你的眉毛上扬?什么地方让你皱起眉头?读到什么时让你翻起了白眼?读到什么让你开始坐立不安?什么地方让你觉得心跳加速或者心跳放慢?读到哪里时,因为你的思绪已经跑到另一个地方而必须停止阅读?

— 什么时候让你开始在讨论中说"没错!"?什么时候你听到自己说"你看吧!"?那么说"哼""不可能"又是什么时候?

— 在这次的体验中,有什么是你想要开香槟庆祝的?还有哪些是你想要完全遗忘的?这次的任务对你来说,高峰在哪里?低谷又在哪里?

— 这部电影让你微笑的是什么?什么让你大笑?什么让你悲伤?什么让你特别感动?哪些地方让你感到害怕?让你感到被冒犯?恶心?入戏?心动?疑惑?无聊?不安?

本书内所运用的诠释性问题范例

— 这真正在说些什么?有哪 3~4 个重要的层面?其中的一些关键点是什么?哪些信息很清楚地传达了出来?从大家所说的话当中,你听出什么方向?我们该如何为这个方向命名?这件事让我们对什么老旧的形象提出怀疑?这个事件里面的事件是什么?你会如何讨论它的重要性?

— 这件事的转折点在哪里?它赋予了我们什么样的新优势?从发生的这件事来看,你得到了什么新的洞见?在发生的过程中,你发现了什么?在你的脑海中形成了哪些新的影像?你会帮它构思什么样的标题?

— 这对你个人有何帮助?对他人呢?它如何满足你的期待?你如何在未来运用你这次的学习?在体验之后,人们会有什么样的不同?

— 如果我们以后再度参与,我们会有什么不同的做法?和过去有什么异同?

学 问

它的优点和缺点是什么？我们该怎么做才能维持优势与克服缺点？
— 请哪一位归纳一下这些需要处理的重点问题？和这相关的挑战是什么？看起来，重要的问题在哪里？什么地方需要帮助？从整个团队的角度来看，需要解决的是什么？还有哪些其他的影响？有什么比较长期的问题让你忧心？如何才能在接下来几天内整理结论，然后做出回应？我们需要先进行的动作是什么？
— 至今在这个项目中所面临的问题，已经出现了什么答案？对于问题的成因，我们看出了什么？我们还需要考虑哪些可能的成因？什么行动会让这个项目顺利进行，或者将它带回原来的方向？在这个任务中，有哪些学习是我们即刻就能想到的？
— 听起来，大家的建议是什么？从这份报告中的不同部分之间，你看到什么关联性？这份报告强调的重点是什么？你认为由这些重点衍生出的问题、异议或障碍是什么？至今你所听到的问题、异议、障碍当中，你认为哪些需要最谨慎的响应？对我们的工作方式产生的影响是什么（如果有的话）？需要哪些资源来因应？
— 你会如何描述这些困难背后潜藏的问题？你在这当中看到什么模式？你注意到其他人是怎么处理这些问题的？我们有的选择是什么？要坚持的关键价值观是什么？每个选择的优缺点是什么？我们需要什么突破？
— 这件事激发出什么新形象？这个新闻里面"新"的部分是什么？对于组织来说，会带来哪些整体上的变化？我们会因此需要做出哪些重要的决策？我们需要哪些不同的做法？你心目中这个项目的规模有多大？这对接下来的几个月/几个星期有什么影响？

附录 B
伯姆的深度会谈法

> 假设我们能够毫无障碍地分享而非不断强迫他人接受我们的看法，也不扭曲事实和自我欺骗，这岂不造就了真正的文化革命？
> ——戴维·伯姆（David Bohm）的《改变意识形态》（*Changing Consciousness*）

物理学大师戴维·伯姆在晚年开始探索团队对话中的思考过程。首先他在伦敦与帕特里克·迪曼尔（Patrick De Mare）共事，后者认为对话是一种团队的治疗模式。在伯姆的传记中，作者戴维·皮特（David Peat）如此形容迪曼尔的概念："迪曼尔相信人类在狩猎采集型社会时期，以30~40人的团队居住和移动，当时就是以对话的过程来处理社会和心理层面的问题。一直到团队人数逐渐增加，人类社会越趋复杂……团队的力量消失无踪。但人类的心态在社会复杂化之后并没有调整过来。迪曼尔相信必须进行持续而积极的社会性治疗。迪曼尔的想法吸引了伯姆。"［摘自皮特的《无限潜力》（*Infinite Potential*）原文第286页。］

伯姆加入了治疗师的讨论团队，也在此找到能够延伸他在意识模式领域上思考的新方法。他深深受到这种类型的对话所吸引：史蒂芬正在和史黛拉对话，后者说了一句让史蒂芬觉得愚蠢、偏颇或完全错误的话，所以史蒂芬想要纠正她，只是因此会让史黛拉觉得更生气，出现很大的情绪反应。史蒂芬想要维持平静的心情，但两人开始激烈争吵。因为这种争吵随处可见，让伯姆感到担忧。他看到如果冲突的层级提升到国与国之间，灾难就更大了。

戴维·皮特继续写道：

> 伯姆发现，团队进行深度会谈是让思考过程放慢，然后在公众场域表现出来的方法。这蕴含了他寻找多年的答案，可以带来人类意识状态

学 问

的巨大变革。当两人争吵时，通常是因为其中一方所说的话触动了对方内心一连串的反应——引发他形容为脑内"天气"的变化……即使我们的行为很合理，我们的思考仍然受因于内在的化学反应。根本的问题在于整个过程发生得如此快速，我们根本无法注意到冲动和反应之间的联动。

[摘录自皮特的《无限潜力》(*Infinite Potential*) 第 287 页。]

伯姆认为深度会谈能在许多层面发挥影响力。在最深的层面，它具有转换集体心智的力量。在另一个层面，它让思考过程呈现出来，让思考的动态过程缓慢到可以进行观察。它让各种观点得以表达，甚至包括用"总是""从不""完全""绝不"等字眼来形容的坚定看法。

伯姆用"THE DIALOGUE"的英文大写写法（中文通译为"深度会谈"）来称呼这个他领头进行的沟通实验。深度会谈的目的是创造出能够维持集体觉知状态的环境。每位聆听者都能对每位发言者与团队中其他人所持有的假设，以及伴随着刻意不去提及的假设而来的未言明的影响做出反思。

在伯姆的深度会谈过程中，没有人试图说服对方接受发言者的看法。团队放弃从对话中得到特定成果的需要，悬挂判断，也不为自己辩解。取而代之的是渴望打开一扇门，寻找关于事实的新观点、了解他人的观点，同时营造互信与开放的氛围。参与者聆听以寻找共享的意义，提问以获得更多的洞见。

放弃追寻事先设定的结果之后，在既定议程的会议中常常被忽略的重要议题就能浮现。参与者会发现他们参与在不断改变和成长的共同意义之中，最后引导他们到共享的意识状态。从这当中所得到的创意和洞察，更胜于他们以熟悉的互动方式所能得到的。一种无关个人的情谊开始发展，它超越了谈话的表面内容。深度会谈的最佳状态是一种精神上的演练、精神上的现象。所以伯姆的名言是："意义的改变就是存在的改变。"

伯姆继续在许多国家和地点组成深度会谈的团队，从这创举衍生出的许多对话团队，现今仍继续在世界各地运作。

运用这个方法的人认为，20~40 人面对面围成一个大圆圈对话时效果最好。这样的人数可以浮现与观察不同的次群体或次文化，对于揭露团队中共同隐含的假设或习惯有所帮助。聆听被认为和发言一样重要。

附录 B
伯姆的深度会谈法

进行深度会谈前，大家要就进行的时间长度取得共识。两个小时最理想。团队越是定期聚会，探索的范围就会越深和越有意义。深度会谈需要时间来延续和发展，需要多于一次的会面，需要耐心。

深度会谈本质上是各方平等的对话。任何掌控局面的企图都与深度会谈的目的相违背。但刚开始时需要制定一些规范，以帮助参与者了解深度会谈和其他团队流程之间的细微差异。一般认为，现场需要至少一位、最好两位具有经验的引导者，在团队对话出现停滞时为大家指出情况。引导者也参与在对话里面。

戴维·皮特整理了许多人对伯姆深度会谈模式的看法。有些人认为深度会谈团队是社会性转变的重要核心。其他人则认为这个方法应该在调整后用在更直接实用的目的上，如成为管理或解决问题的工具。

报告显示，许多人都认为伯姆的方法给他们带来很大的帮助。1998 年出版的 *The Art and Craft of Facilitating Dialogue* 一书中就谈论到这个主题。坊间也有许多团队运用伯姆的方法进行研讨会。

伯姆在反省时如同许多敏感的人一样，察觉到了在持续性的深度会谈进展至不同阶段时，在其中运作的物理原理：一开始出现的是不和谐、焦虑和冲突的混乱状态。之后，团队会渐渐体验到持续增加的和谐，直到"啊哈！"的反应出现时，"我们"的一体感升华到一个新的高度，其中彼此对话的经验比讨论的内容来得重要。

任何觉得自己正踏上一段觉知与关怀旅程的团队都可能体验到深度会谈的发生。

以下列出的文献，可供你进行更深入的阅读：

- Bohm, David: Unfolding Meanings: A Weekend of Dialogue with David Bohm, Arc Paperbacks, New York, 1987.
- Bohm, David: "On Dialogue", from David Bohm Seminars, P.O. Box 1452, Ojai, CA 93023.
- Isaac, William: "Dialogue: The Power of Collective Thinking" in The System Thinker, Vol. 4, No. 3, Pengasus Communications, Cambridge, 1993.
- Comments about Dialogue on the Internet: Misc. Business Facilitators Newsgroup.

附录 C
艺术领域中对话的力量

苏珊·郎格（Susanne Langer）在她的著作《艺术问题》（*Problems of Art*）里提到过，艺术具有开启洞察、教导感受、激发愿景的力量。对于能接纳艺术的人来说，艺术能帮你做到这些。不过这听起来比较像美好的愿景，能够让这些目标成真的方法又是什么？

就如同本书的引言中所提到的，在文化事业学会过去45年的经验中，焦点讨论法已经被开发出很广泛的用途。它曾经被用在幼儿教育中，引导小朋友反省童话故事和童谣，在进行由浅入深的讨论后，小朋友经常领悟到这些作品包含了深刻的生活道理。

在小学与中学，焦点讨论法被运用来诠释故事及文学作品的特定章节。

成人教育工作者则运用此方法来转换诠释的目的以及对艺术的评论。当一群人欣赏一幅画作、一出芭蕾舞表演或话剧而被问及"类似的事情在你生命中的什么时候正在发生"时，就如同打开了一扇重新诠释生活现实情况的大门（请参阅本书引言）。

一开始，焦点讨论法是被创造来让人们诠释艺术作品的，如画作、电影、诗歌、舞蹈、音乐等。以下的例子是针对毕加索的作品《格尔尼卡》所设计的对话。这幅大型的画作放置于墙上让大家都欣赏得到，引导者接下来根据以下的设计来引导一段反省对话。

对于画作的讨论

开场白

好的艺术作品能让我们感悟自己的生命经验。艺术在文明发展的过程中扮演了非常革命性的角色。欣赏艺术作品时,你不必询问它的意义是什么,而是自己决定它对你的意义。我们即将进行的艺术形态对话,是一种团队或个人可以运用来诠释艺术作品的意义的方法。这种方法创造了你自己、艺术家及作品之间的三方对话。

讨论内容

客观性问题

1. 请观察这幅画,你看到什么物体?
2. 你看到哪些形状?
3. 你注意到哪些色彩?

反映性问题

4. 你会想为它补充什么色彩?
5. 你会去掉什么色彩?
6. 将这幅画分成两部分,你会想要留下哪部分?
7. 你会舍弃哪部分?
8. 欣赏这幅画时,你想要放什么音乐?
9. 这幅画带给你的感觉是什么?
10. 这幅画散发的情绪是什么?或者可问:这幅画对你发出了什么样的声音?让我们一起同时发出这幅画的声音,一、二、三……
11. 假如你的阿姨把这幅画赠送给你,你会把它挂在家中的什么地方?
12. 对于让这幅画进入你的生活,你有什么感受?

诠释性问题

13. 这幅画中正在发生什么事?
14. 它让你想到哪部电影?

15．你在什么地方曾经看到这样的情况发生？

决定性问题

16．在你生命中的什么时候也发生过这种情境？

17．如果有机会对这幅画只说一个字或词，你会说什么？

结语

引发我们所有的讨论的是毕加索的画作《格尔尼加》。当时他画这幅画是希望描绘 20 世纪 30 年代西班牙内战时，在巴斯克地区（Basque country）所进行的饱和轰炸所带来的恐怖情境。

在这段讨论中发生了什么事？首先团队开始观察画中有些什么，他们比较彼此的观察。每一个回答都让团队看到这幅画的新层面。

接下来是唤起情绪反应的问题。这个讨论所问的问题有超过半数是反映性问题，通过间接方式（色彩、声音、情绪）探索情绪性的反应。

至今为止，这个讨论仍然和一个好的艺术讲师一般会做的事没两样。接下来的问题就更深入了："这幅画中正在发生什么事？你在什么地方曾经看到这样的情况发生？"可能有人回答："我每天开车经过某个小区时都会看到。"或者："我每次去医院的急诊室就会看到这样的场景。"人们开始发现，这件艺术作品的内容其实与他们身边的生活息息相关。

下一个问题更让人感到意外："在你生命中的什么时候也发生过这种情境？"许多人会想躲避这个问题。他们知道他们一旦回答之后，他们与艺术之间的关系就会从此不同。其他人则可能发现："上次开的那场很可怕的会议就是。""我父母争吵时，我就会看到这样的情境。"

最后的问题询问参与者如何将画中所见的联结至生命。可能会有各式各样的回答。有的人会说："别闹了！"其他人则是："这真是个地狱！""你是怎么让自己变成这样的？"有些人则只说："是的。"或"这一定得改变。"

运用这种形式的讨论来谈对于一幅画、一部电影、一场舞蹈或一首诗的体验，就可能引发令人惊奇的对话。艺术可以点亮欣赏者的真实生命，它具有转换团队中每个人的意识的可能性。

附录 D

五种武器王子的故事（此故事可搭配讨论范例 D1）

本故事的主角五种武器王子接受了表扬并得到象征其头衔的奖品，之后他带着老师送给他的五种武器，向老师敬礼后，开始朝着父王所居住的城市迈进。在途中，他看到一片森林。森林路口的人警告他："王子殿下，请不要进入森林。里面住着一个怪物，他的名字叫黏巴巴，会杀死他所看到的每个人。"

但是，这位王子信心满满，而且像狮子一般勇猛无惧，所以仍然决意进入森林。到了森林的最里面，怪物出现了。怪物把自己的身材变高，变得如棕榈树般的魁梧，头如房屋般巨大，还有个铃铛形状的头顶、巨大的眼睛、狰狞的獠牙、老鹰般的尖嘴、脏脏的肚皮、深绿色的四肢。五种武器王子走向他。"你要到哪里去？"怪物大声叫着："别动，你是我的猎物！"

王子毫不害怕，他对自己所学习的武功和技能自信满满。"怪物，"他说："我很清楚我进入森林的目的。如果你想攻击我，最好小心点。我那沾满剧毒的弓箭会穿过你的身体，让你立刻倒下！"

说完，王子立刻拉开弓，射出他的毒箭。箭射进怪物的毛发里就被粘住了，完全没有效果。王子射出另一支箭，又一支箭，直到将五十支箭全都射入怪物的毛发里。没想到怪物摇了摇头，箭就纷纷掉落在地上。接着怪物走向这位年轻人。

五种武器王子再度试图威胁怪物，取出他的剑用力挥出。这把三十三寸长的剑一样卡在怪物的毛发里。王子接下来取出长矛刺击，长矛也一样卡在怪物的毛发里。然后王子用木棒用力捶打怪物，木棒也还是一样卡在怪物的毛发里。

王子看到木棒卡在怪物身上时，他说："大怪物，你大概以前没听说过我。我是五种武器王子。当我进入这个你为非作歹的森林时，我根本没把弓箭那些武器

学 问

当一回事，我只依靠自己。现在我要用双手把你打成灰！"表达完自己的决心后，王子大喝一声，右手用力向怪物打过去。他的右手被怪物的毛发粘住。他再挥出左手，同样被怪物的毛发粘住。他踢出右脚，也一样被粘住。他再踢出左脚，还是一样被粘住。最后他想："我要用我的头把你打成灰！"王子拿自己的头用力向怪物撞去，但也一样被粘住。结果，他的肢体完完全全粘在怪物的身上。

五个身体部位粘在怪物身上的王子看起来就像挂在怪物身上，但他仍然不泄气。至于这个怪物则心想："这个人真是人中的狮王，是有高尚情操的人！即使被我这种怪物抓住，仍然毫不畏惧，连抖都没有抖一下！自从我在这儿拦路打劫以来，还从来没有看过这样的人！为什么他不怕？"他不敢把王子吃掉，问他："年轻人，你为什么不害怕？为什么你不怕死？"

王子回答："怪物，我为什么要怕？人都免不了一死。我的腹中有颗炸弹，如果你吃了我的话，它会从你里面把你炸成碎片。我们两个同归于尽，所以我不怕！"

"如果这位年轻人说的是真的，"害怕死亡的怪物心想："像这种人中狮王，我恐怕连他的一小块身体也没有办法消化。我要把他放走！"随后他让王子离开了。

这故事的另一个版本的结局是，后来王子将怪物训练为他的仆人。

注：这是许多关于佛陀小时候的神话故事之一，取材自约瑟夫·坎贝尔（Joseph Campbell）所著作的《千面英雄》（*The Hero with a Thousand Faces*）一书。

附录 E
引导非正式的谈话

有些谈话需要采用较为不正式的方法来进行。举例来说：
— 只与两三个人进行的谈话；
— 与他人进行一对一的谈话，特别是引导者需要同时提问和参与谈话时；
— 有些文化背景上的情境，特别重视非正式的气氛。

在这些情形下，每次的谈话环境会有很大的不同。大家可能围成圆圈坐下，形成"没有主席"的平等氛围，也可能是在散步或开车时进行谈话。如果你同时是谈话的引导者和参与者，你可以将问题张贴在白板上或写在纸上，然后略为介绍一下："我们何不针对这种情况来一起讨论这些问题？"如此一来，这些问题就扮演了"客观第三者"的角色。通常要慎选谈话的时间，在干扰最少的时候进行。

事先仔细准备要提出的问题，非正式的场合也和正式的场合一样重要。一种较为轻松的开场方式是用"我很好奇……"之类的话来开场，避免听起来像问卷调查。另外一种方式是用自己的回答抛砖引玉，接着以开放式问题提出，例如：

1. 我听茉莉这样说过。你还听到过哪些其他的重点？（客观性问题）

2. 茉莉的提案让我兴奋的地方是这个项目潜在的影响力。另一方面，我担心的是成本的问题。其他人对这件事有什么样的反应？（反映性问题）

3. 影响之一似乎会让我们陷于过度扩张的危险之中。除此之外还有什么其他影响？（诠释性问题）

4. 我听到刚刚的讨论中有个清楚的建议，也就是我们需要一个先导项目。你还从讨论中听到我们做的哪些决定？（决定性问题）

这种非正式的谈话有时需要一些技巧，你必须时时注意，同时扮演谈话的引导者和真诚的参与者两种角色。

附录 F

文化事业学会：使命与分布地点

文化事业学会（The Institute of Cultural Affairs，ICA），是一个赋予人们改变社区与组织的能力的非营利组织。目前文化事业学会的工作包括引导、咨询、培训、研究及出版。

过去的45年来，文化事业学会致力于成人教育与儿童教育、世界各处的社区重建计划、组织发展，以及研究与测试参与社会变革者所需要的心智与社会性的工具。

至1998年为止，文化事业学会已经分布于六大洲的19个国家和地区。各地的文化事业学会都是自主的个体。文化事业学会位于布鲁塞尔的国际总部则扮演信息交换中心及各文化事业学会协同作业中心的角色。

目前，开设团队引导方法课程是许多国家和地区的文化事业学会的工作焦点。团队引导方法课程包括焦点讨论法与团队共创法，定期在以下所列的文化事业学会进行。你可以向其索取当地所开设的课程内容与开课日期。

ICA International Secretariat
417 St-Pierre Street
Suite 804
Montreal, Quebec H2Y 2M4
Canada
t +1.514.875.7111
f +1.514.875.0705
www.ica-international.org
info@ica-international.org

> 附录 F
> 文化事业学会：使命与分布地点

ICA Australia
c/o Ray Richmond
6/53 Shore Street, East Cleveland, QLD 4163, Australia
t +61.7.348.802.300
www.ica-australia.org
richmonder@iinet.net.au

ICA Bangladesh
GPO Box 972, Dhaka 1000, Bangladesh
t +880.286.51939
f +880.290.01291
www.ica-bangladesh.org
admin@ica-bangladesh.org

ICA Belgium
Rue Amédée Lynen 8, 1210 Brussels, Belgium
t +32.2.219.0087
f +32.2.219.0406
www.icab.be
ica.program@icab.be

ICA Benin
03 BP1362, Cotonou, Republic of Benin
t +229.692.889
f +229.323.746
www.ica-international.org/benin
lambassaica@yahoo.fr

ICA Bosnia and Herzegovina / BOSPO
Petra Kocica 8, 75000, Tuzia, Bosnia and Herzegovina
t/f +38735.264.257 / 256.424
www.bospo.ba
bospo@bospo.ba

ICA Canada
655 Queen Street East, Toronto, Ontario, Canada M4M 1G4
t +1.416.691.2316
f +1.416.691.2491
www.icacan.ca
ica@icacan.ca

ICA Chile
Holanda 1595, Depto. 501, Providencia, Santiago, Chile
t +56.2.204.8527
www.icachile.cl
icachile@entelchile.net

ICA Côte d'Ivoire
Box 01 BP 3970, Abidjan 01, Côte d'Ivoire
t +225.05.731.525
www.ica-international.org/cotedivoire
cotedivoireica@yahoo.fr

ICA Ghana
PO Box OS 2060, Osu, Accra, Ghana
t +233.21.22.4167 / 23.1650
f +233.21.22.1343
www.ica-international.org/ghana
icagh@africaonline.com.gh

ICA Guatemala
9 Calle 5-34, Zona 4, Gutemala City, Guatemala
t +502.2332.5307
f +502.2331.7009
www.ica-international.org/guatemala

学问

ICA India
Utkarsh, B. T. Kawade Road S. No. 46/6,
Pawar Baug,
Mundhwa, Pune 411036, India
t +91.94.225.020.82 / 98.901.408.29
www.ica-international.org/india
icaiindia@vsnl.net

ICA Japan
Soshigaya 5-17-33, Setagaya-ku, Tokyo
157-0072, Japan
t +813.348.45092
f +813.348.41909
www.icajapan.org
staff@icajapan.org

ICA Kenya
PO Box 21679, Nairobi, Kenya
t +254-202-720-666
www.ica-international.org/kenya
icak@wananchi.com

LENS International
Box 10564, 50718 Kuala Lumpur,
Malaysia
t +60.3.795.75604
f +60.3.795.64420
www.lensinternational.com

ICA Middle East and North Africa
PO Box 23, Maadi, Cairo, Egypt
t/f: +202.753.0059
www.ica-mena.org
cairo@ica-mena.org

ICA Nepal
Subidha Nagar, PO Box 20771,
Kathmandu, Nepal
t/f +977.1.447.2532
www.ica-nepal.org
administration@ica-nepal.org
ICA Netherlands

ICA Netherlands
Minahassastraat 1,1094 RS Amsterdam,
The Netherlands
t +31.20.468.5042
www.icanederland.nl
info@icanederland.nl

ICA Nigeria / NIRADO
No. 17 Ogunmodede Street, Off Allen
Avenue, PO Box
18075, Ikeja, Lagos, Nigeria
t/f +234.1.493.6559
www.nirado.org
nirado2004@yahoo.com

ICA Peru
Primer de Julio 432, Magdalena del
Mar, Lima 17, Peru
t/f +511.461.0813
www.ica-peru.org
admin@ica-peru.org

ICA South Africa
PO Box 32408, Braamfontein 2017,
Johannesburg,
South Africa
t +27.11.339.3394
f +27.11.339.3393
www.ica-southafrica.org
icaadmin@telkomsa.net

ICA Spain
Pico de Majalasna, 4 - 3ro. M, 28035
Madrid, Spain
t +34.61.922.0580
www.iac-españa.freeola.org
iac-españa@freeola.org

▶ 附录 F
文化事业学会：使命与分布地点

ICA Taiwan
3/f, No.12, Lane 5, Tien Mou West Road,
Taipei,
Taiwan
t +886.2.2871.3150
f +886.2.2871.2870
www.icatw.com
icataiw@ms69.hinet.net

ICA EHIO (Tajikistan)
13 Microdistrict, House 67, Apt 19,
735700 Khujand,
Tajikistan
t +992.3422.278.55 / 203.96
www.ica-international.org/tajikistan
ica_ehio@yahoo.ca

ICA Tanzania
PO Box 1016, Moshi, Kilimanjaro,
Tanzania
t +255.27.275.1000
www.ica-international.org/tanzania
icatz@kicheko.com

ICA Togo
1415 Av. Jean Paul II, BP 80428, Lomé,
Togo
t +228.261.36.32
f +228.261.36.33
www.ica-international.org/togo
ica_tg@yahoo.fr

ICA Uganda
PO Box 70, Kyambogo, Uganda
t +256.772.429.750
www.ica-international.org/uganda
c_wabwire@yahoo.com

ICA UK
PO Box 171, Manchester M15 5BE, UK
t/f +44.161.232.8444
www.ica-uk.org.uk
ica@ica-uk.org.uk

ICA USA
4750 North Sheridan Road, Chicago, IL
60640, USA
t +1.773.769.6363
f +1.773.769.1144
www.ica-usa.org
chicago@ica-usa.org

ICA Zambia
PO Box 31454, 10101 Lusaka, Zambia
t/f +260.1.252.293
www.ica-international.org/zambia
voicevingo@yahoo.co.uk

ICA Zimbabwe
Montagu Mews, Flat #111 Josiah
Chinamano Close,
Harare, Zimbabwe
t/f +263.470.5197
www.ica-international.org/zimbabwe
icazim@africaonline.co.zw

附录 G

谁能为我设计讨论的内容

如果你需要请专人为你设计讨论的内容，该如何做呢？或许因为你没有时间，或许因为你仍没有信心独立完成讨论的设计。

加拿大文化事业学会提供给这种情况下的引导者个人的教练服务是我们所提供的辅导服务之一。

这些辅导服务包括：

— 协助设计引导式的对话及其他"参与的科技"方法，如团队共创法或重要的会议。

— 回答任何运用这些方法的问题。

— 协助你进行评估与回馈。

— 书籍、录像带和各种研讨会。

个人教练费用为每半小时 50 加元，额外成本另计。

其他文化事业学会也提供类似服务，请参考附录 F 所列的资料。

本书作者对于你运用这些"参与的科技"方法去引导讨论的经验，以及运用后在团队内甚至职场内发挥的影响力，都非常有兴趣。它的运用带来了什么变化？我们很欢迎你分享你设计的讨论。

ICA Canada
655 Queen Street East, Toronto, Ontario, Canada M4M 1G4
t +1.416.691.2316
f +1.416.691.2491
www.icacan.ca
ica@icacan.ca

附录 H
引导焦点讨论的重点摘要

1. 场地设置
选用合适的场地，能够让整个团队围坐在桌子四周是最理想的。确定讨论在不会受到干扰的地方进行。如果讨论中需要白板或夹纸板，必须事先准备好。如果团队要讨论的是一份文件，先在每个座位上放一份。场地内所有设置都必须传达出"这很重要"的信息。

2. 邀请
邀请大家就座。你自己坐在房间正面的"主席"位置，等候大家坐好。

3. 吸引大家的注意力，以开场白迎接大家
团队聚会无可避免会先从非正式的谈话开始。如果大家聊得很热烈，稍等一下，等到谈话自然告一个段落时，你再开口说话。这样的做法远比试图要大家安静来得好。通常在你说"让我们开始吧"之后，团队就会恢复秩序。接下来就可以开始你的开场白，向大家说明聚会的原因、主题，以及其他必须说明的背景信息。

4. 提出第一个问题
大多数时候可让全体轮流回答第一个问题。回答应该一个接一个顺着接下去，而且应该简短，避免卖弄才华或长篇大论。告诉大家："这次的讨论没有错误的答案。"这样可以释放大家的紧张或不安。

你可能需要提醒大家说话大声一点，让所有的人都听得到。无论大家回答时是对着你这位讨论的引导者或对着整个团队，每个人都应该能听到所有的回答。

5. 提出后续的问题

向全体提出后续的问题。在提出第二个问题时，告诉大家："现在，有哪一位……"表示你不再要求轮流发言，每个人都可以想说就说。运用"好的""很好""是的"等来肯定大家的响应，但是不需要过度。有时候点点头就够了。

6. 处理离题的情况

当参与者的对话已经离题而开始谈论其他主题时，先肯定他们的想法，之后简要重述大家到目前为止的回答，然后再重复提出一次问题或提出下一个问题。

7. 处理过于冗长或抽象的回答

有人开始长篇大论或回答内容十分抽象时，邀请对方举出明确的例子，比方说："老王，你可不可以用一个具体的例子来说明？"这样的引导可以让发言更简短，并且让抽象的论点更务实、易懂。

8. 处理争执

如果参与者之间发生争执，提醒大家所有的观点都需要获得尊重，每个人都有智慧，而且每个人都拥有拼图的一部分等。然后询问是否有其他的看法。

9. 引导大家回答你所提出的问题

确认大家是在回答你提出的问题，而不是只在响应之前别人的发言。你可以说："我了解你所说的，不过我并不是很清楚你的发言如何回答刚刚的问题……"

10. 结束讨论

要将讨论带入尾声，你可以运用范例中的结语或自己的结语，感谢大家的参与并说明讨论后的下一步。如果讨论的内容被记录下来，让大家知道你会如何运用这份记录，也让大家知道你会确保他们每个人都会收到一份。

附录 I
准备一场焦点讨论

准备一场焦点讨论				ICA Canada©
焦点与意向	头脑风暴问题	准备开场说明	准备结语	自我反省
检视:焦点讨论法是这次你需要的方法吗？ 如果是： 1．聚焦讨论的焦点:设立清晰的讨论参考点,确定讨论的界限。 2．写下讨论的意向： （1）理性目标:引导者/领导希望讨论能够完成什么。 （2）体验目的:引导者/领导希望这讨论对参与者内心带来的影响。 3．运用客观性问题确保讨论有	4．进行头脑风暴以列出可以达成理性目标与体验目的的各种问题:想看看哪些问题可以实现理性目标与体验目的。头脑风暴问题时,不需要任何顺序,只要记下你想到的问题即可。最好用铅笔做记录。让问题自然浮现。在每个问题旁边注明它是O、R、I或D。 5．选出你所需要的问题:以理性目标和体验目的作为出发点,选出	9．谨慎准备自己的开场说明。开场说明应该包括以下内容。 • 邀请参与:邀请大家参与这次的讨论。 • 点出焦点:说出这次讨论的主题。 • 提醒共识:指出这次的讨论与既有的共识或计划之间的关联。 • 阐明背景:说明进行这次讨论的原	10．谨慎准备结语。 这可能包括： • 感谢团队的贡献。 • 说明将如何使用讨论的记录。 • 安抚在讨论过程中感到不快的人。 • 指出仍有待解决的议题,以及将来讨论这些议题的时间点。	11．就这次讨论、参与的团队及你自己进行反省： 用一点时间思考参与讨论的团队,他们最近发生过什么事。什么风格能帮助他们面对这次讨论的议题。 想想自己的癖好,会让你紧张的事情,以及长处。在心中记住你需要避免的坏习惯。 最后,不要忘记讨论结束后的反省。同样,焦点讨论法的四个层次对反省讨论中发

续表

准备一场焦点讨论				ICA Canada©
焦点与意向	头脑风暴问题	准备开场说明	准备结语	自我反省
一个具体的起点：举例来说，如果讨论的主题是更好的团队关系，客观性问题就不能仅仅笼统地问"关系"，而应该更具体，如"上星期的团队会议"。	最适合的问题，并删除其他的问题。将问题抄写至四列的表格内，各列顶端分别标示O、R、I、D。 6．调整问题的顺序：在各层次中调整问题的顺序，一直到觉得流畅为止。将问题写在报事贴上可以节省许多重新抄写的时间。 7．再检查一次：检视哪些地方需要列出更细节的问题，或者确定所有的问题都没有预设立场，并且是开放式问题。 8．在脑海中预演这段讨论的内容：试着提出这些问题并且自己回答看看。视需要做调整。	因，以及这与大家对事情的关注点有何关联。 • 先发制人，处理反对的声音：事先说明理由，以避免那些反对现在进行讨论的声音。		生的事情有很好的效果。反省的关键问题是：我是否达成了我的目标？下一次引导这类讨论时，我会有什么不同的做法？